KB092373

10주년 기념 개정판

중학생, 기적을 부르는 나이

박미자 지음

중학생, 기적을 부르는 나이

ⓒ 박미자 2023

초판 1쇄	2013년 9월 16일
초판 21쇄	2022년 7월 22일
개정판 1쇄	2023년 3월 2일

지은이   박미자

출판책임	박성규	펴낸이	이정원
편집주간	선우미정	펴낸곳	도서출판 들녘
편집	이동하·이수연·김혜민	등록일자	1987년 12월 12일
디자인진행	고유단	등록번호	10-156
마케팅	전병우	주소	경기도 파주시 회동길 198
멀티미디어	이지윤	전화	031-955-7374 (대표)
경영지원	김은주·나수정		031-955-7381 (편집)
제작관리	구법모	팩스	031-955-7393
물류관리	엄철용	이메일	dulnyouk@dulnyouk.co.kr

ISBN   979-11-5925-751-3 (03370)

중학생,
기적을 부르는
나이

박미자 지음

『중학생, 기적을 부르는 나이』는 제목부터 사랑받았습니다.

 이 책은 중학생들이 '부모님들이 읽기를 바라는 책'으로 우선순위에 들어가고, 중학교 선생님들께서 동료 교사들과 중학생 부모님들께 가장 많이 권하는 책 중의 하나로 손꼽힙니다. 책을 읽은 분들은 "중학생을 이해하게 되었다. 중학생이 이쁘게 느껴진다. 중학생의 행동이나 말의 이면에 있는 중학생들의 속마음을 보살펴주고 싶다"라고 말씀하십니다.

 인간의 모든 성장 과정이 아름답지만, 중학생들의 성장은 특별히 깊고 아름답습니다. 육체적인 면과 정신적인 면, 정서적인 면에서 엄청나게 성장하는 시기입니다. 너무 급격한 변화를 일으키기 때문에 중학생 자신도 혼란을 느끼고 부모님들도 당황할 수 있습니다. 책을 처음 출간했던 2013년은 중학생에 대하여 '말썽을 부리는 중2병'으로 규정하고 걱정하는 목소리가 높았던 시기였습니다. 저는 이 책에서 중학생의 발달 과정에 집중하고, 중학생들에 대한 부정적인 관점을 긍정적으로 바꾸기 위해 노력했습니다. 책을 읽은 독자분들은 중학생들에 대한 패러다임을 전환하고 중학생을 응원하는 변화의 흐름을 만들었습니다.

지난 10년 동안 변함없이 사랑해주셔서 감사합니다. 그사이에 저는 중학교 교사에서 중학생 교육 연구자가 되었습니다. 『중학생, 기적을 부르는 나이』를 출간한 후, 전국 각지에서 매달 10여 회 정도 강연을 진행하면서 중학생을 사랑하는 보호자분들로부터 많이 배웠고, 행복했습니다.

한 인간이 삶을 살아가는 과정에서 중학생 시기에 배운 내용, 중학생 시기에 형성된 자존감이 인생을 살아가는 나침반이 될 수 있다고 생각합니다. 10대 청소년들은 뇌세포 연결이 활발하게 진행되는 시기이며, 몸으로 배우는 시기입니다. 그래서 어른이 미처 느끼지 못하거나 이미 습관적으로 수용하고 있는 점들을 민감하게 느끼고 문제를 제기하기도 합니다. 중학생들이 다른 사람의 입장을 헤아리며 상황을 종합적으로 판단하고 행동하는 능력을 갖추기 위해서는 기다림과 지원이 더 많이 필요합니다.

청소년은 부모 자신의 과거이며 현실입니다. 청소년들의 발달과정과 성장의 특징을 배우고 이해하게 되면, 청소년들을 더 잘 격려할 수 있고, 청소년들과 우호적 관계를 맺을 수 있습니다. 그리고, 청소년들과 잘 지내는 어른이 더 행복합니다. 『중학생, 기적을 부르는 나이』를 읽으며 우리의 청소년들을 사랑하고 부모 자신의 청소년 시기도 사랑하기를 기대합니다.

지난 10년 동안 중학생들의 삶의 환경이 달라졌습니다. 그리고, 코로나19를 겪으며 사회적 관계 맺기가 더욱 절실한 과제로 다가왔습니다. 이러한 상황에 따른 변화를 감안하여 아이들과 나누는 대화 및 실천방안들을 보완하여 책을 재출간합니다.

감사합니다.

부모는 아이를 사랑합니다.

그래서 아이가 행복하기를 바라며 '나름대로' 최선을 다해 노력합니다. 그런데 아이들이 자랄수록 이 나름대로의 노력이 통하지 않게 됩니다. 아이의 생각이 성장하면서 부모의 생각과 달라지기 때문입니다.

그러니 갈등이 일어납니다. 그 갈등은 점점 커지다가, 중학생 때 절정을 맞이합니다.

중학생들은 스스로를 '질풍노도의 시기'라고 표현합니다. 무슨 뜻인지 아느냐고 물으면 '어디론가 마구 달려가고 싶은 마음' '나도 잘 모르지만 어른과는 다른 어떤 것'이라고 대답합니다.

중학생은 부모와도 교사와도 다르며, 초등학생과도 고등학생과도 다릅니다. 자신은 특별한 존재이고 싶다고 온몸으로 선언합니다.

그러나 막상 현실에서 중학생은 어린 초등학생에게 밀리고 대학 입시 공부를 하는 고등학생에게 치여 어른들의 관심을 가장 받지 못합니다.

중학생 아이 키우기가 어려운 이유는, 아이가 중학생이 될 때까지 서로를 존중하며 돕고 성장하는 것을 우리 어른들이 제대로 배우지 못했기 때문입니다. 그러니 모든 것이 서툴고 어렵습니다.

아이가 탈 없이 자신의 성장에 몰두할 수 있게 하려면 부모와 교사부터 선입견 없이 아이를 존중하고 격려해주어야 합니다. 아이들은 자신의 '다름'을 '틀림'으로 매도당하지 않고, 존중받고 격려받을 때, 깊고 아름답게 성장합니다.

사랑하는 제자가 중학생 부모가 되었습니다.

오랜만에 만난 제자는 중학생 부모로 사는 것이 어렵고 힘들다고 합니다. 저는 이렇게 말해주었습니다.

"지금까지 고생 많으셨습니다. 그리고 중학생 부모가 된 것을 축하합니다."

10년 이상을 부모로 살아온, 이제는 중학생의 엄마가 된 제자의 손을 잡아주는 심정으로 이 책을 썼습니다. 이 책에는 중학생들의 발달과정과 행동양식, 아이를 둘러싸고 있는 환경과 사람들에 대한 이야기를 담았습니다. 무엇보다도 청소년들이 지닌 성장과 치유의 힘에 대하여 말하고 싶었습니다.

청소년들의 웃음이 어른을 행복하게 할 수 있습니다.

우리 청소년들이 더 많이 웃고 더 많이 행복한 사회가 좋은 사회입니다. 책이 나올 때까지 격려해주신 들녘출판사 편집부와 담당 편집자인 김재은 씨에게 감사드립니다.

그리고 이 세상을 사랑하고 우리 아이들에게 더 좋은 세상을 물려주기 위해 애쓰시는 많은 분께 깊은 감사를 드립니다.

차례

중학생은 누구인가

중학생, 너 어디에서 왔니?

폭풍 성장의 시기

우리 아이가 달라졌어요

아이를 중학교에 보낸 부모들은 거의 비슷한 말들을 합니다.

"안녕하세요? 찬이 엄마예요."

"반갑습니다. 찬이 많이 컸지요?"

"예. 이번에 중학교 들어갔어요."

"벌써 그렇게 됐어요? 축하드립니다."

"글쎄, 요즘 우리 찬이 때문에 힘들어 죽겠어요. 왜 이렇게 미운
짓만 골라서 하는지. 애가 완전히 어릴 때랑 달라졌어요."

"찬이가요? 무슨 말썽을 부리나요?"

"딱히 말썽을 부리는 것은 아닌데요. 말하는 것도 뚱하고 행동도 도무지……. 어릴 때는 차분하고 예뻤는데, 요즘은 말이 안 통해요."

'중학생'이라는 말을 들으면 어떤 것들이 떠오르나요?

친구들, 학교 축제, 짝사랑, 사춘기, 줄넘기, 재잘거림, 교실 복도, 신체검사, 여드름, 이차성징……. 10대 초반 푸릇푸릇한 시기의 기억을 일깨우는 단어들이 꼬리에 꼬리를 물고 떠오를 것입니다.

저는 '성장'이라는 단어가 떠오릅니다.

중학생은 엄청난 속도로 성장합니다. 6개월에 4~6센티미터 정도씩 키가 자라는 아이들은 그야말로 비 온 다음 날 죽순 같습니다. 1년에 10센티미터 이상 자라는 아이들도 있습니다. 중학생으로 생활하는 3년 동안 키가 20~30센티미터를 자라는 것이니 생각해보면 경이로운 일입니다. 키만 자라는 것이 아닙니다. 몸의 형태를 바꾸는 성호르몬이 분비되면서 여학생은 엉덩이의 연골 세포가 늘어나고 가슴이 부풀며 남학생은 어깨가 넓어집니다.

중학생들이 여름방학, 겨울방학을 마치고 개학하는 날에 교사들은 달라진 모습에 놀라고 감탄합니다. 학생들끼리도 서로의 변화를 확인하면서 소란이 일어납니다. 여학생들의 몸매는 한층 볼륨감이 생기고, 남학생들은 눈썹이 짙어지거나 턱이 거뭇해져 있기도 합니다. 몸만 달라지는 것이 아닙니다. 생각하는 능력이 향상되고 정서적으로도 성장합니다.

인간의 생애에는 성장이 급격히 이루어지는 시기가 두 번 있습니다. 한 번은 신생아부터 만 3세 전후까지이며, 또 한 번은 중학생 시기입니다. 영유아기에 폭발적으로 성장하고, 초등학교 저학년 때까지는 완만하게 성장합니다. 이 시기는 정신적으로도 안정적입니다. 정리 정돈도 잘하고, 보호자들의 말을 잘 따르고 말을 잘 듣습니다. 비교적 엉뚱한 행동을 하지 않고 규칙을 가르치면 잘 배우고 지키는 편입니다.

그러던 아이들이 초등학교 4학년부터 점점 자기주장이 생기고 말대꾸를 합니다. 대체로 중학생이 되면 충동적이고 감정적인 행동이 늘어납니다. 자신이 관심 없는 일에 대하여서는 한없이 게으름을 피우기도 합니다. 자기 방이 어지러워 발 디딜 틈이 없어도 정리를 하지 않습니다. 보다 못해 한마디 하면 "으~ 또 잔소리"하며 고개를 돌리고 방문을 닫습니다. 입으로는 "내가 알아서 할게요"라고 말하지만 도무지 몸을 움직이지 않으니 속이 터집니다.

그리고, 자기 생각과 어긋나면 어른들에게 노골적으로 저항하기도 합니다. 보호자 처지에서 "아빠 생각에는 말이야……"라고 충고라도 하려고 하면, "저는 생각이 달라요" "왜 아빠 생각을 강요하세요?" "내가 왜 꼭 그래야 하는데요?"라고 되묻습니다. 중학생들의 이런 반응에 대하여 처음에는 어이없어하다가 같은 상황이 반복되면, 뭔가 잘못되고 있다는 걱정과 무력감을 느낄 수 있습니다.

중학생, 그들을 알고 싶다

대체로 많은 보호자는 중학생들의 발달과정과 성장특징을 이해하지 못합니다. 중학생들을 어떻게 대해야 할지 모릅니다. 그러다 보니 일단은 어른의 권위나 힘에 의존해 아이들을 통제하려 합니다. 하지만 중학생들에게는 누를수록 튀어 오르려는 스프링 같은 특성이 있기에 힘과 권위로 그들을 통제하기는 어렵습니다.

우리는 누군가에게 관심이 생기거나 그 사람과 이야기를 나누고 싶을 때면, 가장 먼저 상대에 대해서 파악합니다. 그 사람의 이름은 무엇인지, 나이는 몇 살인지, 좋아하는 것은 무엇인지, 취미는 뭐고 특기는 뭔지, 최근에 가장 즐거웠던 일은 무엇인지……. 그런 사소한 정보에 관심을 둡니다. 그래야만 그 사람과 잘 관계를 맺을 수 있기 때문입니다.

그런데 이상합니다. 아이의 성장과 변화에 대해서는 궁금해하지 않습니다. 아이가 무엇을 좋아하는지, 어떻게 지내고 있는지, 요즘 가장 큰 관심사는 무엇인지 물어보지도 않고 무조건 보호자들의 말을 들으라고 하고, 반항하지 말라고 합니다. 그러면서 아이와의 관계는 원만하기를 바랍니다. 관계가 원만하지 못하면 그 원인은 모두 '아이가 사춘기라서' '아이가 말을 듣지 않아서'로 뭉뚱그려지며, 모두 아이 탓으로 돌리는 경향이 있습니다.

정말 그럴까요? 아이가 태어나서 10대 청소년이 되었다는 것은 엄청난 변화입니다. "10년이면 강산이 변한다"는 말처럼 중학생들은 '이제 어린아이가 아니라는 사실'을 온몸으로 말하고 있는 것입니다. 우리는 중학생들을 잘 돕기 위해서 중학생들의 변화된 상황을 보고 학습해야 하는 것이 아닐까요?

중학생들에 대해서 '골치 아픈 시기'라고만 생각하지 말고, 발달과정의 특징을 구체적으로 '배워보자'고 제안합니다.

아이가 중학생이 되니 부모 말을 안 듣는다는 생각을 중학생이 되어 자기주장이 많아졌다는 생각으로 바꾸는 것입니다. 아이들은 이제 "내 인생의 주인은 나"라는 생각을 하게 됩니다. 부모나 보호자의 말을 따르기보다는 자기 의견대로 경험하고 싶은 내적 요구가 강해지는 변화가 일어나는 것입니다. 그러니 '왜 반항하느냐?'가 아니라 '아이의 인생을 응원하겠다'라고 결심하면 좋겠습니다. 그러면 아이가 다르게 보일 것입니다.

이제 중학생에 대해 알아봅시다. 중학생이라는 시기가 어떤 특징을 갖고 있어서 이처럼 어른들을 당혹스럽게 만드는지를 말입니다. 사실은 누구나 겪었지만 잊어버린 시기인 10대 청소년들의 폭풍 성장과 놀라운 변화에 대해서 자세히 알아보겠습니다.

제2의 탄생, 제2의 기회

중학생의 머릿속이 궁금해

중학생들은 잠시도 가만히 있지를 못합니다. 1, 2학년 학생들은 좁은 교실에서도 틈만 나면 친구들과 엉켜 뒹굴거나 복도를 질주합니다. 이 시기의 학생들은 작은 일에도 발을 동동 구르고, 소리치고, 울기도 잘합니다. 수업 시간과 쉬는 시간을 구별하지 않고 친구들과 잘 다투며 선생님과도 의견이 충돌하고 감정이 상하면 서슴없이 말대꾸하고 양보하지 않고 목소리를 높이고 대들기도 합니다. 이기고 지는 문제가 중요하기 때문에 양보하거나 기다리는 일이 쉽지 않습니다. 그러다가 중학교 3학년 여름을 지나면서 서서히 안정감을 찾는 학생들이 늘어납니다. 중학교를 졸업할 무렵이 되면 아이 대부분이 3년 전의 '그 아이'라고는 믿을 수 없을 정도로 차분하고 의젓해집니다.

중학생을 가르치는 교사들은 아이들이 대체 무슨 생각을 하고 있는지 한번 속을 들여다보았으면 좋겠다고 말하기도 합니다. 당최 말이 통하지 않거나 상식적이지 않은 일들을 벌일 때면 머릿속에서 무슨 일들이 일어나고 있는지 궁금해지는 것입니다. 몸이 급성장하다 보니 두뇌 발달은 1, 2년 정도 쉬고 있는 것이 아닐까, 걱정될 때도 있었습니다.

그런데, 청소년들의 뇌가 지속적으로 발달하고 성장한다는 연구 결과들이 밝혀지면서 청소년들의 성장에 대한 관심이 높아지고 있습니다. 특히, 중학생 시기인 13세부터 15세까지의 뇌는 가장 복잡하고 가장 활발하게 발달하기 때문에 뇌과학자들은 이 시기를 '제2의 탄생'이라고 부르기도 합니다. 이러한 연구 결과는 중학교 부모들과 교사들에게 중학생 시기를 '쉬는 시간'으로 생각해서는 안 된다는 사실을 알려줍니다.

얼마 전까지만 해도 인간의 뇌가 폭발적으로 성장하는 시기는 0세에서 3세까지이며 3세 이후로는 그렇게 극단적인 성장세를 보이지 않는다고 알려져 있었습니다. 그래서 영유아기의 뇌 발달을 돕는 육아법이 유행하기도 했습니다.

그런데, 뇌과학자들은 인간의 뇌가 0세~3세에 활발하게 성장하다가 잠시 성장을 멈추었다가 10대 청소년 시기에 다시금 급격하게 연결하고 가지치기를 하면서 놀라운 속도로 발달한다는 사실을 밝혀냈습니다. 따라서 이 시기를 적극적으로 활용하고 지원해야 멋진 성인으로 성장할 수 있는 것입니다.

영유아기의 뇌 발달엔 유전적인 면이 많습니다. 또 부모와 아이 사이에 적극적이고 구체적인 피드백이 오갈 수 없기 때문에 아이는 부모와 환경이 제공하는 영향을 일방적으로 받는 경향이 있습니다. 하지만 10대 청소년은 다릅니다. 무엇보다 부모와 의사소통을 할 수 있습니다. 싫은 것은 싫고, 좋은 것은 좋다고 표현할 수 있으며, 상호작용하고 협력할 수 있습니다. 중학생 시기는 대화를 통해 긍정적인 경험과 변화를 이끌어내고, 발달과 성장을 효과적으로 지원할 수 있는 소중한 시기입니다.

10대의 뇌는 오늘도 성장한다

미국 국립의료원의 뇌과학자들은 MRI 개발 이후 수년간 10대 청소년 수백 명의 뇌를 스캔해 얻은 데이터를 바탕으로 10대의 뇌가 꾸준히 성장하고 있다는 사실을 구체적으로 밝혀냈습니다. 더불어 그들의 뇌가 재구성되고 있다는 사실까지도요.

미국 국립의료원 연구원이며 아동정신의학자인 제이 기드는 청소년들의 뇌를 150회 스캔하고 흔히 사춘기라고 부르는 10대 초반 청소년들의 뇌에서 놀라운 변화가 일어나고 있다는 연구 결과를 《네이처 뉴로사이언스》(과학전문잡지, 1999. 10)에 발표했습니다.

이 연구발표에 따르면 10대의 뇌는 집중적인 성장을 하고 있는데, 특히 뇌의 회백질(뇌 및 척수에서 회백색으로 보이는 부분으로 인지능력과 합리적 판단, 추상적 사고력, 학습 능력과 종합적인 사고력을 담당하는 영역)이 급격하게 발달하면서 제2의 탄생기가 이루어진다는 것입니다. 뇌는 사춘기를 전후해서 가장 많이 발달하며, 이 성장은 스무 살을 넘어서까지 진행됩니다. 10대의 뇌는 엄청나게 많은 가지를 빠른 속도로 뻗어나가고 연결하면서 성장하는데, 뻗어간 가지들 중 불필요한 부분을 제거하고 꼭 필요한 정수만을 남긴다고 합니다. 마치 정원사가 나무의 성장을 위해 가지치기를 하듯이 말입니다.

이에 대한 제이 기드의 말을 살펴보겠습니다.

"우리는 회백질에서 제2의 탄생기를 발견했습니다. 더 많은 가지와 더 많은 뿌리를 뻗는 때이지요. 그리고 그것은 사춘기를 전후해서 최고조에 달합니다. 그런 다음에는 불필요한 부분을 제거해서 정수만을 남깁니다. 이를테면 언어를 정련해서 불필요한 사족을 제거하는 시처럼 말이죠. 청소년의 뇌는 이런 지시를 내리고 있는지도 모릅니다. 자, 이제 전문적으로 진화를 할 때가 됐어!"[1]

이런 연구 결과들은 청소년기가 위험하고 힘들기만 한 시기가 아니라 '제2의 성장과 도약의 시기'라는 사실을 알려줍니다.

뇌의 회백질은 특히 전두엽에 크게 분포합니다. 전두엽은 대뇌반구의 일부로, 충동을 억제하고 합리적인 행동을 할 수 있도록 우리를 조정해주며, 안정적으로 전문 활동을 하게 해줍니다. 전두엽은 청소년기에 크게 성장하기 시작해 스무 살이 넘어서야 완전한 상태에 이르게 됩니다.

청소년들이 감정적이고 충동적으로 행동하는 이유는 아이들의 뇌가 어른의 뇌와 다르기 때문입니다. 어른들의 뇌는 전두엽의 발달이 끝난 상태이지만 청소년의 뇌는 전두엽이 활발하게 발달하는 시기입니다. 청소년기의 전두엽은 어른에 비해 판단력이 부족하고 불안정한 혼란을 겪으며 어른의 뇌로 변화하고 있습니다. 이러한 변화들은 청소년들이 더욱 발달하는 사고력을 갖추기 위한 자연스러운 과정이며, 성장의 기회라고 할 수 있습니다. 10대 초반과 10대 중반의 뇌가 정신없이 빠르고 왕성하게 변화하고 나면, 10대 후반의 뇌는 상대적으로 안정감 있는 수준의 문제 해결 능력과 부정적인 정서를 조절하는 능력을 갖추게 됩니다.[2]

중학생 시기의 뇌가 변화의 폭이 크고 불안정한 이유는 뇌의 성장을 위한 일시적인 퇴행과 혼란을 겪는 시기이기 때문이라고 할 수 있습니다. 실제로 중학생들은 초등학생들보다도 감정의 기복이 심하며 충동적이고 주변 정리를 못 합니다. 이런 아이를 보며 부모는 '초등학교 때까지는 차분하던 아이가 중학생이 되면서 변했다'라며 걱정합니다.

중학교 1학년, 2학년들은 스스로도 감당이 되지 않을 정도로 감정적이고 충동적인 행동을 많이 합니다. 그러다가 중학교 3학년 2학기나 고등학교 1학년이 되면, 상대적으로 합리적이고 이성적인 면모를 보이기 시작합니다. 예를 들어 부모가 실수하고 미안해하면 "그럴 수도 있지요. 항상 저에게 잘 대해주셨잖아요"라고 하면서 너그러운 모습을 보이기도 합니다. 동생 때문에 힘들어하는 엄마에게 "엄마가 이해해주세요. 저도 작년까지는 개념이 없었던 것 같아요"라며 부모의 마음을 위로해주기도 합니다. 전두엽이 발달하면서 이성적이고 합리적인 판단력, 추론력, 이해력도 발달하기 때문입니다.

중학생들은 어떻게 해야 잘 배울까?

지적 혁명기를 지나는 아이들

청소년기는 뇌가 변화와 공사를 진행하는 혼란을 겪지만, 한편으로는 잘 배우는 시기입니다. 이 시기에는 단순한 생각에서 복잡한 생각으로 감각적인 기억에서 추상적인 사고력으로 발달합니다. 청소년의 정신세계가 개념을 이해하면서 사고체계가 형성되는 방향으로 변화하는 시기입니다. 러시아의 비고츠키(1796-1934)는 청소년기를 '지적 혁명기'라고 부르며, 사고력의 질적 도약이 일어나고 있다는 사실을 강조했습니다.[3]

청소년기의 뇌는 전두엽이 활성화되기 시작했지만, 아직 이해하고 추론하는 사고체계가 형성되지 않았기 때문에 불안정합니다. 반면에 두정엽은 많이 발달해 있는 상태입니다. 두정엽은 머리의 뒤쪽에 위치하며 신체활동과 경험을 통해서 감각능력과 운동능력, 읽기와 계산, 감각 정보의 통합과 연상 활동을 담당하는 영역입니다.

뇌과학자들은 청소년들이 어떤 경험을 할 때 뇌가 가장 크게 성장하는지 연구했습니다. 그중 일리노이 대학 교수인 빌 그리너는 어떤 경험이 어떤 시점에 청소년의 뇌에 영향을 미치는지에 대해 연구했습니다. 그는 '경험 예정 변화'와 '경험 의존 변화'라는 두 가지 변화를 설정했습니다. 경험 예정 변화란 시각이나 청각, 그리고 언어 영역의 발달처럼 정상적인 환경에서라면 누구에게나 일어날 수 있는 변화입니다. 반면 경험 의존 변화는 각자의 경험에 따라 개개인의 차이가 확실히 드러나는 변화를 가리킵니다. 청소년 시기에 경험한 활동에 의해 뇌의 발달과 성장에서 차이가 난다는 것입니다.[4] 빌 그리너는 인간의 성장에서 경험 의존 변화가 끼치는 중요성에 대해서 강조했습니다. 다양한 경험과 활동을 겪으면 경험에 따라 사람마다 뇌의 성장 정도에 차이가 생긴다는 것입니다.

그렇다면, 어떤 경험이 청소년의 성장을 돕는 중요한 배움의 경험에 해당하는지 살펴보겠습니다.

협력을 통해서 배운다

뇌과학자들은 인간의 뇌가 상호작용이 활발한 쌍방향 체계라는 사실을 강조합니다. 사람들은 기본적으로 다른 사람과 관계를 맺고 서로 협력하면서 보람과 즐거움을 느낍니다. 협력은 삶을 지속하게 하는 본능이며 의욕적으로 배우게 합니다. 10대 청소년들은 어른들이 일방적으로 결정하거나 지시하는 것에 대해서는 대체로 무관심하지만, 자신을 존중하면서 함께 의논하고 합의하여 결정하는 일들은 실제로 이행하기 위해서 정성을 기울입니다. 또래 친구들 사이에서도 서로 의논하고 합의한 일에 대해서는 지키기 위해 노력합니다. 수업 시간에도 일방적으로 설명을 듣고 암기하는 방식보다 친구들과 모둠별로 의논하고 토론하는 과정에서 더 잘 배웁니다.

협력이란 문제를 해결하는 과정이기도 하지만 상호작용을 통한 관계 맺기를 배우는 과정이기도 합니다. 상대방의 말을 듣고 공감하면서 다른 사람을 이해하고 존중하게 됩니다. 다른 사람과 함께 토론하면서 자신의 목소리를 내는 과정에서 생각이 깊어지고 삶의 주체로 살아가는 힘을 기르는 것입니다.

대화를 통해서 배운다

청소년들은 대화에 매우 예민합니다. 무엇을 말하는지도 중요하지만 어떻게 말하는지에 따라 마음을 열기도 하고 마음을 닫기도 합니다. 보호자들이 청소년과 좋은 관계를 맺으려면 대화의 역할을 알고 서로 소통할 수 있는 대화법을 배워야 합니다.

대화는 사람들 간의 생각을 이어주고 깊게 만날 수 있도록 연결해줍니다. 서로 만나서 대화하는 과정은 서로 배우고 상대방을 좋아하게 하며, 새로운 생각들과 새로운 행동들을 만들어냅니다. 비고츠키는 언어가 의사소통의 도구이면서 생각을 깊게 해주는 중요한 매개체라고 보았습니다. 이러한 비고츠키의 '언어의 역할'을 사토마나부는 교수-학습 과정에서 '배움을 일으키는 대화적 실천'으로 적용하였습니다. 배움은 '교사와의 대화, 친구들과의 대화, 교육내용 및 세상과의 대화, 자기 자신과의 대화'라는 네 가지 대화를 통해서 수행된다는 것입니다.[5]

청소년들은 보호자들의 대화 방법과 방향에 민감하게 반응합니다. 보호자가 일방적으로 명령하거나 지시하기보다는 청소년의 의견을 물어봐주고 스스로 생각할 수 있도록 기다려주는 것입니다. 의견이 다를 경우에도 최소한의 선택권을 보장해주고 합의하면서 응원하고 격려하는 방식의 대화가 필요합니다. 예를 들어, 보호자와 다른 의견을 말할 때, "말대꾸하지 마라" "말 좀 들어"라고 누르기보다는 "그렇게 생각할 수도 있구나" "나도 그런 면을 좀 살펴볼게" "나름대로 생각을 많이 했구나"라고 존중하고 응원해줄 수 있는 것입니다. "많이 알고 있구나" "너 스스로 그렇게 생각해서 말한 거니? 대단하다" 하고 여유를 갖고 응원해주는 것입니다.

교과 공부는 싫어하지만 게임을 좋아하는 경우에는 게임을 주제로 대화할 수도 있습니다. "게임 좀 그만하라"는 말 대신 "그 게임에 대해 좀 말해줄 수 있어?" "어떤 점이 재미있어??"라고 물어보면서 아이를 지지해준다면 어떨까요? 인터넷, 웹소설, 유튜브, 만화 등 어떤 매체이든 아이가 흥미를 갖는 대상에 대해서 보호자들이 판단하고 평가하기보다는 관심을 두고 함께 생각을 나누고 대화할 수 있다면 그런 과정을 통해서 좋은 관계를 맺을 수 있습니다.

즐거워야 잘 배운다

청소년들은 재미를 추구하고 축제를 즐깁니다. 예술공연을 보면 감탄사를 연발하고 열광합니다. 좋아하는 가수의 노래를 빠르게 배우고 춤도 잘 배웁니다. 보고 배운 것을 재현하는 능력도 우수합니다. 청소년 시기에 악기를 배우거나 그림을 감상하거나 연극을 하면 그 내용을 잊지 않고 잘 기억합니다.

중학생들과 교사들이 기타를 함께 배웠던 적이 있습니다. 강사를 초대하여 일주일에 두 번씩 배웠는데, 한 달쯤 지나니 학생들이 더 잘해서 교사들을 지도했던 기억이 있습니다. 청소년 시기에는 뇌의 신경세포가 연결되고 강화되기 때문에 악기를 빠르게 배울 뿐 아니라 오랜 세월이 지난 후에도 조금만 연습하면 쉽게 다시 연주할 수 있을 정도로 배움의 기억을 잘 저장하는 시기입니다.

청소년 시기에 예술 활동을 통해서 형성한 감수성과 상상력은 인생을 풍부하게 해주고 뇌세포 연결을 활성화하는 역할을 합니다. 청소년들이 꼭 알아야 할 규칙이나 지식을 가르칠 때 같은 내용을 반복하기보다는 직접 참여할 수 있는 활동을 결합하는 것이 효과적이라고 강조하는 배경입니다. 예를 들어서 연극이나 역할극을 통해서 다른 사람의 입장을 경험하게 한다거나 시와 노래, 영화 등 다양한 상황을 경험할 수 있는 예술작품을 감상하고 토론하는 과정에서 삶에 대해 이해하고 풍부하게 배울 수 있습니다.

중학생의 특징과 일상생활

몸과 손을 움직이는 시기

중학생들은 마음만 먹으면 뭐든 빠른 속도로 배웁니다. 특히 악기, 노래, 춤, 퍼포먼스, 영상 제작기술 등을 배우는 속도와 정교함은 가르치는 사람을 깜짝 놀라게 할 정도입니다.

뭔가를 배울 때도 워낙 많이 떠들고 잠시도 가만히 있지를 못해서 잘 알아듣지 못했을 것이라고 생각하기 쉽지만, 확인해보면 뜻밖에 배운 것을 정확히 이해하고 있는 경우가 많습니다. 운동신경과 감각신경이 발달할 때라 빠르고 정교한 습득이 가능하기 때문입니다.

자신이 관심 있는 것에 대해서는 열심히 정보를 찾고 공부하는 경향을 보이기도 합니다. 특히 친구들과 여기저기 몰려다니며 조사하고 탐색하는 일을 즐거워합니다. 중학생들이 새로운 춤을 익히는 속도, 신형 휴대폰을 다루거나 작은 기계들을 조립하고 만드는 솜씨에 어른들이 혀를 내두르는 일은 드물지 않습니다. 반면, 조용히 앉아서 여러 시간 혼자 암기하거나 유추해 정답을 찾는 공부는 힘들어하고 학습 효과도 적습니다.

중학생들이 몸을 사용하는 일을 쉽게 배우고 즐거워하는 것은 뇌의 발달과정과 관련이 있습니다. 청소년기에는 운동능력과 감각능력이 발달하고, 그다음에야 언어능력과 공간 감각, 집중력이 발달합니다. 전두엽은 뇌의 여러 부분 중 가장 마지막으로 발달하는 부분입니다. 그러다 보니 다른 사람의 반응을 감지하고 이해하는 공감능력, 의사결정능력, 계획을 세우고 평가하고 추론하는 능력은 뒤늦게 성장하는 것입니다.

그래서 중학생들은 다른 사람과 소통하고 분위기를 파악해서 대처하는 능력은 떨어지지만 음악과 만들기, 각종 스포츠 활동 등에는 강하게 흥미를 느끼며 빨리 배웁니다.

천상천하 유아독존! 세상의 중심은 나

중학생들은 상대방을 이해하는 코드가 성인과 다릅니다. 그래서 분위기 파악을 잘 못하고 엉뚱한 반응을 보일 때가 많습니다.

심각한 분위기를 오래 견디지 못하고 지루해하기 때문에 긴 훈계는 어른과 아이의 관계를 힘들게 하는 주요 원인이 됩니다. 한참 꾸중을 듣는 도중에도 장난을 치거나 다른 친구의 행동에 간섭해 어른의 화를 돋우기도 합니다.

"너 지금 웃고 있냐?"

"역사 선생님 앞에 있는 애 머리가 너무 웃기잖아요."

방금까지만 해도 눈물을 뚝뚝 흘리면서 반성하던 아이가 교무실을 나가는 순간 친구들과 장난치며 웃는 소리가 들려오는 것이 중학교에서는 흔한 일입니다.

이때 다시 불러서 혼을 내거나 훈계하는 교사도 있습니다. 하지만 아이들에게는 이런 행동에 대한 아무런 위화감이 없기 때문에 문제점을 지적하면 오히려 억울해하고 반항을 합니다.

"너, 이리와 봐!"

"왜요?"

"너 지금 그 태도가 뭐냐? 잘못을 반성하는 사람이 맞아?"

"아까 잘못했다고 말씀드렸잖아요."

"그런 놈이 문 닫고 나가자마자 웃고 히히덕거려?"

"친구들이 웃기는데 어떻게 해요?"

아이들은 일부러 어른들을 무시하거나 골탕 먹이려고 하는 것이 아닙니다. 그 시기의 아이들은 자신이 중요하게 여기는 것을 중심으로 생각하고 행동합니다. 화가 난다고 훈계를 반복해봤자 효과가 없습니다. 오히려 그 시점에는 너그럽게 지나가고, 서로 편하게 이야기할 수 있는 시간에 '다른 사람과 대화할 때의 태도'라는 주제로 조언해주는 것이 좋습니다. 이럴 때 토론 형식을 이용하면 아이들이 보다 빨리 상대방의 입장을 이해하는 데 도움을 줄 수 있습니다.

아이들은 어른들이 반복해서 잔소리를 하는 데 대해 "집착한다"는 표현을 자주 씁니다. 아이들이 보기에는 어른들이 한 가지 일에 너무 매달려 있고, 한 가지 행동에만 집착한다는 것입니다.

이맘때 아이들은 실수나 잘못에 연연하지 않습니다. 새로운 것에 대한 관심과 호기심이 많아서 조금 전의 감정을 곧바로 잊고 새로운 상황에 흥미를 느낍니다. 이런 점이 어른들의 정서와 충돌하며 예의 없는 행동이라 지적을 당합니다.

이처럼 서로가 중요하게 여기는 부분이 다르기 때문에 청소년은 잘못을 지적받으면 "왜 나만 갖고 그러냐"며 대들고, 보호자에게도 "선생님이 늘 자기만 혼을 낸다"고 불평하는 것입니다.

집에서도 마찬가지입니다. 부모는 자신의 표정이나 분위기를 통해서 부모의 생각이나 기분을 충분히 인지했으리라고 생각하지만 아이는 전혀 모르는 경우가 많습니다. 특히 집안에 어려운 일이 생기거나 부모가 화가 나서 분위기가 심각해졌을 경우, 부모는 말하지 않아도 아이가 상황을 눈치챘을 것이라고 생각하지만 아이는 그 상황을 무심하게 지나치고 자기 생각만을 중심에 둡니다.

엄마와 아빠가 그걸 어떻게 모를 수가 있느냐고 문제를 제기하면 "엄마가 언제 말을 해준 적이 있느냐?"고 오히려 화를 냅니다.

애정 표현도 마찬가지입니다. 부모들은 말하지 않아도 자식에 대한 사랑이 전해지고 있다고 생각하기 쉽지만 정작 아이들은 그렇게 생각하지 않습니다.

"엄마 아빠 마음을 그렇게 모르겠니? 엄마 아빠가 너를 얼마나 사랑하는데."

"언제 사랑한다고 말한 적이나 있어요?"

"꼭 말로 해야 알아?"

"엄마는 맨날 나 보고 한숨만 쉬잖아요."

"??"

중학생들은 자신이 하고 싶은 말만 하고, 듣고 싶은 것만 듣습니다. 자신이 다른 사람에 대해 나쁘게 말한 것은 쉽게 잊어버리지만, 다른 사람이 자신에게 나쁘게 말한 것은 오랫동안 기억합니다. 그리고 분위기만으로는 상황을 정확히 파악하지 못합니다. 모르는 척하는 것이 아니라 정말 모르는 경우가 많기 때문에 필요한 내용은 반드시 직접 말이나 글로 전달해야 합니다. 애정 표현 역시 직접적으로 해야 하며, 기운을 북돋울 때는 구체적인 말로 격려해주어야 합니다.

"생일 축하해. 네가 태어났을 때, 세상에서 제일 귀엽고 사랑스러운 아기가 우리에게 와줘서 엄마는 참 고맙고 행복했어."

"엄마는 내가 태어나서 그렇게 좋았어요?"

"그럼. 엄마, 아빠가 세상에서 가장 사랑하는 사람이 바로 이 사람인데!"

"정말? 나 잘 살아야겠네!"

함께 즐겁게 이야기를 나누다가 뜬금없이 어린 시절에 느꼈던 섭섭했던 일을 꺼내기도 합니다. 어른들이 잊었을 거라고 생각하는 일도 의외로 아이들은 오랫동안 기억할 때가 많습니다. 자기 자신이 상처받았다고 생각하는 것은 부모 입장에서는 시시한 일이라고 생각할 수 있는 일도 쉽게 잊지 않고 기억합니다.

보호자들은 갑작스럽게 청소년이 옛날에 기분 나빴던 일이나 서운했던 일을 이야기하면 민망한 마음에 "지나간 일을 이제 와서 왜 꺼내느냐"는 식으로 반응하기 쉽습니다. 그런 대답을 들으면 아이는 부모에게 속 깊은 이야기를 꺼리게 됩니다. 아이에게 "부모와 대화를 하려 하지 않는다"라고 탓하기 전에 아이와 일상에서 대화를 나눌 때, 아이의 입장에서 더 많이 들어주고 물어봐주고 기다려주는 것이 필요합니다.

아이가 과거의 섭섭했던 일들을 이야기할 때는 해명하려고 하거나 옳고 그름을 따지지 말고, 지나간 일이라도 미안하다고 말해주는 것이 좋습니다. 지금이라도 솔직하게 말해줘서 다행이라는 생각과 너그러운 마음으로 애정을 표현해주는 것이 좋습니다.

"그렇게 느꼈다면 미안해. 엄마는 너를 미워하거나 외롭게 할 마음은 없었는데, 그때 엄마가 표현을 잘하지 못한 것 같아. 지금이라도 사과할게."

시시비비를 따지며 당시 아이의 잘못을 들춰내고 해명하다 보면 본의 아니게 다시 상처를 주게 됩니다. 아이와 대화할 때는 자기 자신을 방어하지 말고, 아이의 마음에 우선순위를 두어야 합니다. 아이에게 초점을 맞추는 것입니다. 아이들은 어른의 권위나 평가를 받을 때 어른을 존경하는 것이 아니라, 또래 집단에서는 경험하기 힘든 대범함과 너그러움을 접했을 때 진정한 '어른다움'을 느끼고 보호자에 대한 존경심을 갖게 됩니다.

아이가 과거에 실수했던 점은 과감히 보듬어줍시다. 잘못에 대한 반성을 유도하는 것 역시 강압적인 방식이 아니라 서로 감정을 공유하고 대화를 나누는 과정에서 이루어져야 합니다. 아이가 과거의 모습을 탓하기보다는 현재의 자기 자신을 사랑하도록 도와주는 것이 좋습니다. 부모가 아이를 너그럽게 대하면 아이들은 자신에 대한 믿음을 키워갑니다.

> "예전에 네가 약속을 어기고 시험 기간에 피씨방에 갔을 때는 나도 화가 나서 소리를 질렀는데……. 이번에는 조금 더 신경 쓰는 것 같아서 마음이 편하네. 고마워!"

아이의 성장을 급하게 재촉해서는 안 됩니다. 아이의 성장은 직선형이 아니라 나선형으로 이루어집니다. 언뜻 보기에는 제자리만 빙글빙글 맴도는 것 같지만 움직임의 반경이 조금씩 넓어지는 형태와 흡사합니다. 아이들이라고 해서 너무 급하게 생각하지도, 너무 쉽게 생각하지도 말아야 합니다. 인간관계라는 점에서는 어른-어른의 관계나 어른-아이의 관계가 똑같습니다. 같은 어른들끼리 하지 않는 행동은 아이에게도 하지 않겠다는 원칙을 세웁시다.

관심과 기대, 원하지만 부담스러워

두세 살까지의 아이들은 많이 먹고, 많이 자고, 많이 움직입니다. 아기가 태어나면 부모들은 아기의 손과 발을 만져봅니다. 손가락과 발가락이 열 개라는 사실만으로도 고마워합니다. 자는 동안 가만히 아기 얼굴에 귀를 대어보고 고른 숨소리를 들으면서 잘 잔다는 사실에 안심합니다. 부모들은 아기가 무사히 자라나는 모든 과정에 고마워하면서 10년가량 아이를 돌봅니다.

그런데 10년째가 넘어가면서 부모의 생각이 조금씩 변하기 시작하고, 아이가 중학교에 갈 정도로 자라고 나면 더는 아이가 많이 먹고, 많이 자고, 많이 노는 것을 대견해하지 않습니다. 아이의 성장에 익숙해진 것입니다. 아이의 성장에 무덤덤해지면 칭찬이나 격려에도 인색해집니다. 성장에 대한 둔감화를 방지하기 위해서는 의식적인 노력이 필요합니다.

'생일'은 아이의 성장을 축하할 수 있는 좋은 계기입니다. 생일을 맞이한 아이에게 꼭 성장을 축하하는 편지와 선물 등을 건네도록 합시다. 여의치 않다면 "네가 올 한 해도 건강하게 자라서 기쁘다" "작년보다 더 훌륭하게 자란 것 같다" 등 말로만이라도 반드시 아이의 성장을 축하해주십시오. 자신이 태어났다는 사실을 적극적으로 축하받으면 아이는 스스로의 성장에 대한 자부심을 느끼고 부모의 애정을 실감할 수 있습니다. 부모에게도 아이를 키우던 '초심'으로 돌아가 내 아이의 성장에 감사하고 기뻐할 수 있는 기회가 됩니다.

중학생은 통과의례 중

중학생들은 흔히 통과의례라고 하는 혹독한 성장통을 겪는 중입니다. 그런 만큼 에너지가 많이 필요합니다. 이 시기 아이들이 어느 때보다 많이 먹고, 많이 자고, 많이 움직이는 이유입니다. 냉장고에 '붙어산다'고 표현할 정도로 먹는 양이 늘어나고, 만날 잠만 자는 것처럼 보입니다. 그런데 어른들은 아기들이 자는 모습은 귀엽다며 지켜보지만, 중학생이 잠을 많이 자면 대체로 걱정을 하거나 한심하게 여깁니다. 음식을 자주 먹는 것에 대해 관대하지도 않습니다. 어른들은 중학생들이 '이제 뭘 좀 아는 나이'이며 '해야 할 일들을 해야 한다'고 생각합니다.

중학생들은 중학생들대로 공부할 양이나 지켜야 할 규칙들이 엄청나게 늘어나서 힘들다고 합니다. 또한, 보호자들의 과도한 기대가 부담이 된다고도 말합니다. 보호자들은 아이가 중학생이 되면 대견스럽게 생각하고, 자기 할 일도 스스로 알아서 하고 어느 정도는 어른스러운 행동을 할 것으로 기대합니다. 중학생들도 그 사실을 알고 있기에 자칫 부담을 느낄 수 있습니다. 그러나, 청소년들이 갖는 본능적인 특징은 희망과 열정입니다. 자기 자신이 충분히 '멋지고 잘났다'는 생각도 합니다. 자신이 성장하고 있다는 것을 알고 있으며, 내면에서 솟아나는 넘치는 에너지도 스스로 느끼고 있습니다. 『안네의 일기』에는 이러한 청소년들의 마음을 잘 표현하는 부분이 있습니다.

> 내게 일어나고 있는 마음의 변화, 몸뿐 아니라 마음속에서 일어나고 있는 변화는 참 멋지다고 생각합니다. 그러나 아무와도 이런 일을 얘기해본 적은 없습니다. 그래서 나 자신과 이야기해야 합니다. 나는 달마다의 것이 찾아올 때마다 고통스럽고 불쾌하고 우울한데도 불구하고 달콤한 비밀을 가진 듯한 황홀감을 느낍니다.[6]

청소년들은 혼자서 감당하기 어려울 정도로 큰 몸과 마음의 변화를 겪습니다. 이러한 변화와 성장의 과정에서 불안감과 자부심을 동시에 느끼는 이중적 상태에 놓여있습니다. 자부심과 부담감, 열등감 등 여러 가지 감정을 복합적으로 느끼는데 이것을 차근차근 표현하는 능력은 부족하므로 대화 과정에서 충돌과 오해를 일으킵니다. 이런 일이 반복되다 보면 자신이 다른 사람들에게 이해받지 못한다는 생각을 하게 됩니다. 이러한 시기를 통과하고 있는 청소년들은 보호자의 지속적인 믿음과 지지에 의해서 자신에 대한 믿음을 회복하고 자존감을 형성할 수 있습니다.

저는 어릴 때 닭을 키운 적이 있습니다. 병아리들은 어른 닭으로 완전히 성장하기 전에 털갈이를 하는 '중닭'의 과정을 거칩니다. 병아리는 노랗고 뽀송뽀송해서 보기에도 예쁘고 엄마 닭도 종종종 잘 따라다니는데, 중닭이 되면 털갈이를 하느라 털이 모두 빠져서 행색이 초라해집니다. 엄마 닭도 잘 따라다니지 않고, 엄마가 모이를 먹으라고 불러도 대밭이나 집 뒤뜰 구석구석 제 맘대로 돌아다니면서 이상한 것들을 찍어 먹다가 캑캑거립니다. 그러다가 털갈이가 끝나면 윤기 나는 새털과 통통한 몸집이 드러납니다. 종종 새벽에 울기도 하면서 어른 닭으로서의 풍모를 자랑합니다.

사춘기의 절정기인 중학생들은 닭으로 따지면 이 '중닭'의 과정을 거치는 중입니다. 어른들 눈에는 사사건건 말이 많고 미운 짓만 골라서 하는 듯하지만, 아이들에게 기존의 질서를 거부하고 자기 나름대로 세계를 재구성하는 일은 사명이나 다름없습니다. 어른으로 성장하기 위해서 꼭 필요한 과정이기 때문입니다.

어른들의 기대가 청소년들에게 부담감이 아닌 즐거운 격려가 될 수 있도록 하기 위해서는 청소년들의 생각에 대한 인정과 경청이 필요합니다. 그리고 청소년들이 많은 경험을 할 수 있는 기회를 제공해야 합니다. 여러 가지 경험을 할 수 있도록 허용하되, 경험과 도전에 위험이 뒤따르지 않도록 사회적 안전망을 넓혀주어야 합니다. 그리고 이런 의식이 개인이나 가

정의 차원에 머무르지 않고 사회 전반적인 움직임이 될 수 있
도록 다 같이 노력해야 합니다.

엄청난 수다쟁이들

중학생들은 남녀 가릴 것 없이 무척 말이 많습니다. 쉬는 시간
에는 말할 것도 없고 수업 시간에도 서로 말을 하려고 야단입
니다.

목소리도 큽니다. 소리를 지를 일이 아닌데도 소리를 지릅
니다. 때로는 경쟁적으로 큰 목소리로 이야기를 하느라고 거
의 외치다시피 대화를 합니다. 어떤 내용으로 말할 것인지 생
각도 하기 전에 일단 남보다 소리부터 크게 지르고 보는 아이
들도 있습니다.

왜 그렇게 말을 많이 하느냐고 물어보면 말을 하고 있는 동
안에는 자기가 상황의 중심이 되는 것 같아 좋다고 합니다. 그
래서 말할 때 방해를 하거나 끼어들면 크게 화를 내기도 합
니다.

회의나 토론할 때도 자기 이야기만 늘어놓는 경향이 있습
니다. 자기 의견을 꺾으려 하지도 않습니다. 그리고 각자 하고
싶은 말을 충분히 하고 나면 결론이 나지 않아도 "회의를 잘했
다"고 만족스러워합니다.

예를 들어 소풍 장소를 정하기 위한 회의를 열었다고 합시

다. 아이들은 한 시간 내내 각자 가고 싶은 장소에 대해 가까운 동네 뒷산부터 독도, 지리산, 울릉도까지 모두 언급합니다. 하지만 마지막까지 소풍 장소를 어디로 할지는 결정이 되지 않습니다. 어른들이 보기에는 답답하기만 한데도 아이들은 서로서로 이야기하는 자체에 의미를 부여하고 재미를 찾기 때문에 아무것도 결정하지 않았지만 회의를 잘했다고 생각할 수 있는 것입니다.

따라서 여럿이 이야기하거나 가족회의를 할 때에는 진행도 돌아가면서 맡고, 각자 발언 시간도 정하는 규칙들을 정하고 회의 때마다 규칙을 공유하는 것이 좋습니다.

말이 많다는 것은 두 가지 심리 상황을 반영합니다. 자기 자신을 자랑스럽게 여기는 마음과 외롭고 자신이 없는 상황을 동시에 표현하는 것입니다. 아이들은 다양한 심리적 상황을 동시에 가지고 있으며 그 때문에 혼란에 빠지기 쉽습니다. 이렇게 엉켜 있는 실타래를 풀어가면서 자신의 가치관을 정립해 갑니다. 중학생들은 늘 자기 생각을 분명하게 갖고 있다고 주장합니다. 그리고 분명한 자기 의견과 생각을 표현하고 싶은데, 잘되지 않고 있다는 것을 스스로도 알고 있습니다.

부모님과 대화를 시작하기는 불편해하지만, 말문이 터지면 수업 시간에 있었던 일들을 이야기하거나 친구들과 있었던 일들도 이야기합니다. 어른들 보기에는 앞뒤가 안 맞는 억지에 가까운 불평을 늘어놓기도 하는 등 말이 많아집니다. 중학생들과 대화를 하려면 이런 말에 대해서 "그걸 말이라고 하냐?" "쓸데없는 소리 한다"고 평가하면서 면박을 주기보다는 어느 정도 공감해주고 들어주면서 자연스럽게 대화를 이어나가는 것이 좋습니다. 중학생들은 대화를 하는 동안 스스로 여러 가지 판단도 하고 해결 방법을 찾기 위해 고민도 하면서 뇌세포가 잘 연결되고 판단력도 형성되기 때문입니다.

"그게 말이 된다고 생각하냐?" "남 이야기는 그만하고 네가 앞으로 어떻게 할 것인지를 이야기해봐라" 같은 말을 듣는 순간 아이는 자신이 무시당했다고 느끼면서 입을 다물게 됩니다. 상처를 받는 것입니다. 중학생들에게 '말을 한다는 것'은 곧 존재감의 표현입니다. 또한 이들에게는 다른 사람 이야기가 곧 자신의 이야기이기도 합니다. 모두 감수성이 풍부하고 감정 이입 능력이 뛰어나 벌어지는 일입니다. 아이들은 영화나 소설, 드라마 속의 인물이 겪는 슬픔을 보며 제 슬픔처럼 눈물을 흘리고, 즐겁고 기쁜 상황이 나오면 제 일처럼 거침없이 소리를 지르면서 환호합니다. 좋아하는 연예인에 대한 비난을 마치 자신에 대한 비난처럼 느끼기도 합니다. 이 또래 아이들은 '남의 이야기'와 '자신의 이야기'를 구분하지 않고 열광하는 경향이 있습니다.

이런 여러 성향 때문에 보호자들은 종종 중학생과 대화를 나누다가 어이없어하고 당황하는 것입니다.

"우리 아이가 원래 그런 아이는 아니었어요."
"아이가 뭘 원하는지 알 수가 없어요."
"우리 애와는 대화가 안 돼요. 사사건건 말대꾸는 잘하는데, 정작 자기 속마음을 말하지는 않아요."
"자기가 좋아하는 연예인에 대해서 안 좋게 말하면 과하게 화를 내고 적대감을 보입니다."
"아이가 충동적으로 화를 내요. 좋게 말하려고 노력하지만, 저도 사람인지라 참을 수가 없어요. 감당이 안 돼요. 기껏 대화 좀하려고 마음먹었다가 더 크게 다투고 말아요."

이런 경우, 아이의 말을 더 많이 들어주고 보호자가 아이의 말을 판단하고 평가하기보다는 친절하게 속마음을 물어보면서 이해해주려고 노력해야 합니다.

경청과 질문으로 신뢰가 형성된다
중학생 자녀의 이야기를 듣다 보면 부모님 입장에서는 너무나 비논리적이어서 충고와 훈계를 하고 싶은 마음이 불끈 치밀어 오를 것입니다. 하지만 참으시고, 아이의 말을 더 들어주고, 이해가 안 되는 부분들을 구체적으로 물어보면서 서로 믿고 신뢰하는 관계를 만들어가는 것이 중요합니다. 대화 중간에 아이가 지나치게 흥분해 욕을 하거나 제대로 말을 잇지 못하면 다시 차분함을 되찾을 수 있도록 공감해주고 격려하면서 대화를 이어가도록 기다리는 것이 좋습니다. 사람은 누구나 자신의 말을 잘 경청해주는 사람을 믿고 그 사람의 말을 실천하기 위해서 노력합니다. 중학생 자녀와 관계가 좋아야 중학생 자녀와 즐겁게 생활하면서 도움도 줄 수 있습니다.

"그래? 그럴 수도 있지."
"그렇게 생각했구나. 그런데 심하게 욕을 하는 건 좀 듣기에 좋지 않구나."
"너무 화를 내면서 말하니까 못 알아듣겠어. 마음을 가라앉히고 차분하게 다시 한번 말해줄래?"
"그때 그 아이는 뭐라고 말했는데?"
"네 생각에는 어떻게 했으면 좋겠어?"

어떤 문제가 있을 때, 단정하거나 추측하지 말고 아이에게 물어보는 것이 좋습니다. 해결 방법도 아이에게 직접 물어보는 것이 좋습니다. 그런데, "어떻게 해결하고 싶은가"를 물어보면 많은 중학생이 어른의 기대와는 다른 엉뚱한 해법을 내놓기도 합니다. 보호자의 입장에서는 상황을 풀어갈 해결책과

정답이 다 보입니다. 그리고, 뻔한 문제에서 답을 찾지 못하는 것이 보이는데 아이의 의견을 묻는다는 것이 답답하고 속이 터질 수 있습니다.

그러나 부모님의 정답은 부모님의 정답일 뿐입니다. 중요한 것은 정답이 아니라 정답까지 다다르는 아이의 사고 과정입니다. 그 과정을 거쳐야만 생각의 지도가 완성되고, 치밀하고 단단한 사고 구조를 가질 수 있습니다. 정답을 가르쳐주고 싶은 마음, 힌트를 알려주고 싶은 마음을 꾹 눌러 참고, 한 번 더 아이의 생각을 물어봐주고 아이의 대답을 기다려주십시오. 자기가 답을 찾기보다 누군가가 내려준 답에 의존하는 습관이 생기면 아이들은 더는 스스로 생각하려 하지 않습니다. 문제가 있어도 적극적으로 해결하려 하기보다는 '누군가가 답을 내주지 않을까' 하며 남의 눈치를 보게 됩니다.

보호자가 자기 생각을 말하기 전에 아이의 의견부터 듣고 존중해주는 태도가 생활화되어야 '아이의 생각하는 힘'이 자라납니다.

"그래, 네 생각을 좀 듣고 싶어." ⇨ 일단 아이의 의견을 먼저 말하게 합니다.
"어려운 문제인데 엄마에게 말해줘서 고맙다. 엄마도 생각 좀 해볼게." ⇨ 경청하고 있음을 표현합니다.

"정말 고민이 되겠다. 엄마가 도울 일 있으면 말해줘." ⇨ 공감을 표현하고 의지할 수 있는 대상이라는 안정감을 줍니다.

"네 생각이 중요해. 아빠는 너를 믿으니까 일단 네 판단을 기다릴게. 힘내." ⇨ 아이를 믿고 있다는 것을 표현해 자녀를 격려하고 지지하여 자신감을 줍니다.

"네 생각은 알겠어. 엄마도 방법을 더 찾아볼 테니까 너도 좀 더 생각해보고 다시 이야기해보자." ⇨ 부모가 이 문제를 중요하게 생각하고 진심으로 돕고 싶어 한다는 사실을 느낄 수 있습니다. 이런 경우에는 막연하게 다음에 이야기하자, 라고 하지 말고 며칠 뒤에 이야기할 것인지 함께 날짜와 시간을 잡아야 합니다. 이렇게 약속을 달력에 표시하고 꼭 지키는 과정에서 서로 신뢰 관계를 형성할 수 있습니다.

지난 2022년 봄은 코로나19 상황으로 비대면 수업을 했던 학생들이 마스크를 쓰고 학교에서 대면 수업을 했던 시기입니다. 저는 경기와 서울, 전남 등에서 중학교 1학년들을 대상으로 의사소통능력을 높이기 위한 진로 교육을 진행하면서 '언제 들어도 힐링이 되는 말'을 조사해보았습니다. 가장 많이 나온 답변은 "너를 믿는다"라는 말이었습니다. 그만큼 아이들은 양육자가 자신을 신뢰하기를 바랍니다.

풍부해지는 감정, 발달하는 공감 능력

중학생들은 감정이 풍부합니다. 청소년의 뇌는 감정에 중심을 두고, 어른의 뇌는 이성적인 사고력과 판단력에 중심을 두고 있습니다.

청소년들이 자기들끼리 대화하는 장면을 보면 온몸으로 자신의 생각과 감정을 표현한다는 걸 알 수 있습니다. 일상적으로 쓰는 단어로는 자기가 느끼는 격한 감정을 충분히 표현할 수가 없다고 생각하기 때문에 그들끼리의 은어를 만들어 쓰기도 합니다.

"열라, 대박, 개-, 완전, 미친" 등등, 중학생들이 자주 쓰는 은어들은 대체로 '무척' '많은'과 같은 뜻을 강조하는 것으로 형용사나 동사를 꾸며줍니다. 자신이 느끼고 생각한 것들이 얼마나 굉장한지를 표현하고 싶을 때 쓰는 말들입니다. 또한 이즈음의 아이들은 자신이 강조하고 싶은 낱말을 중심으로 이야기하기 때문에 주어와 서술어 등 문장 구조를 생각할 겨를도 없습니다.

성질이 급한 아이들은 이런 부사들만을 늘어놓으며 대화를 주고받기도 하고, 사소한 일을 이야기할 때도 과도한 몸짓을 하거나 크게 웃기 때문에 어른들은 그 격한 감정에 공감하지 못하고 아이들을 경망스럽게 보거나 생각이 짧다고 여기기도 합니다.

간혹 정말 이해하기 힘든 행동을 하는 아이들도 있습니다. 그럴 때는 답답한 마음에 조언을 구하려고 아이의 초등학교 담임선생님과 전화를 하기도 합니다. 그런데 막상 전화를 하면 "초등학생 때는 비교적 얌전한 아이였는데 이상하네요"와 같은 대답을 들을 때가 많습니다.

이상한 일이 아닙니다. 뇌와 몸이 급격히 성장하며 호르몬 체계가 불안정해지는 시기이기 때문에 안정감을 가지고 규칙적으로 생활하던 초등학교 때보다 더 충동적이고 감정적으로 행동하는 것뿐입니다.

중학생 아이들은 친구들과 두세 시간 동안 전화 통화를 하기도 합니다. 학교에서 하루종일 이야기를 나눈 친구들과 전화로도 몇 시간씩 통화하며 감탄사와 탄식을 연발합니다.

영화를 보면서 눈물을 흘리기도 하고, 영화나 소설 속의 내용을 현실에 반영하려고 시도하기도 합니다. 친구들이 흥분해서 말하면 자신도 덩달아서 흥분하고 열을 냅니다. 자신이 좋아하는 연예인이 안타까운 일을 당하면 눈물을 글썽거리고, 게임에서 지면 마치 현실에서 패배한 것처럼 기를 쓰고 매달리기도 합니다. 이처럼 뛰어난 감정 이입은 청소년들의 감수성이 발달했기 때문에 가능한 일입니다.

감정 이입 능력은 다른 사람의 입장과 감정을 이해하는 공감 능력을 발달시키는 원천입니다. 우리는 일상생활에서 한 사람의 표정과 감정이 다른 사람에게로 전이되는 일을 종종 봅니다. 다른 사람이 힘들어하고 고통스러워하는 모습을 지켜보다 보면 자기도 고통을 느끼는 듯 마음이 불편해지고 얼굴이 찌푸려집니다. 권투 경기를 보다가 갑자기 벌떡 일어나 자신의 주먹을 휘두르는 제스처를 하기도 하고, 쇼 프로그램을 보면서 여러 사람이 열광하는 자세를 따라 하기도 합니다.

이러한 감정 이입과 정서적 모방은 거울뉴런(동물이 다른 개체의 움직임을 관찰할 때 활동하는 신경세포로, 다른 동물의 행동을 '거울처럼 반영한다'고 해서 거울뉴런, 거울신경이라고 부른다)의 영향을 받는 것으로, 특히 중학생 때 이런 모방 반응이 자주 나타납니다.

중학생들의 격렬한 감정 이입이 어른들에게는 지나치게 감정적인 행동으로 보일 수 있습니다. 그러나 이때의 감정 이입은 인간의 삶에 아주 중요한 역할을 하는 공감 능력을 발달시키는 과정입니다.

공감 능력은 다른 사람에 대한 연민과 동정심 등을 발달시켜 타인과 연대 의식을 가지게 해주는 것으로, 우리가 흔히 말하는 '사회성'의 기반이 되는 능력입니다. 공감 능력이 발달해야만 풍부한 인간애를 지닌 멋진 인간으로 성장할 수 있습니다. 따라서 어른들은 이때 아이들의 감정적인 면을 '고쳐야 할 단점'으로만 보지 말고, 정상적인 성장 과정임을 인지하고 이해해야 합니다.

중학생은 아프다

인간성을 희생하는 공부

배가 고파서 공부 못 하겠어요

아이들에게 "중학생이 되어서 가장 힘든 점은 무엇인가?"라고 물으면 가장 많이 나오는 대답이 "성적에 대한 부담감"입니다.

공부를 잘하는 아이도, 못하는 아이도 성적 때문에 고민합니다. 시험성적과 등수는 무조건 예전보다 올라야만 합니다. 성적이 오르지 않으면 부모님에게 혼이 난다는 아이들이 학급 전체의 70퍼센트 정도 됩니다.

기대하는 성적이 나오지 않을 경우 매를 맞는 경우도 있습니다. 시험성적이 떨어지면 외출이나 게임 등 여가 활동에 제약을 받기도 합니다.

보호자들은 대부분 청소년들의 학업 성취 정도를 등수를 기준으로 가늠합니다. 점수가 높아도 등수가 낮으면 '시험이 쉬웠나 보다'라고 생각하고, 점수가 낮아도 등수가 높으면 '시험이 어려웠나 보다'라고 생각하면서 자녀들에게 그렇게 말하는 경우도 많습니다.

2022년 통계청 발표에 의하면, 전국적으로 초·중·고등학생의 사교육 참여율은 75.5퍼센트입니다.[7] 초등학교 3학년에서 6학년의 사교육 참여율이 42.9퍼센트이며, 중학교 1학년 50.3퍼센트, 중학교 2학년 53.4퍼센트, 중학교 3학년 57.2퍼센트로 높아지고, 고등학교 1학년의 경우에는 65.5퍼센트에 이릅니다. 사교육에 참여하는 가정의 수입에 따라 사교육비는 엄청난 차이를 보입니다. 월평균 수입이 200만 원 미만인 가구의 사교육비는 월평균 11만 6천 원이며, 46.6퍼센트의 가구가 참여합니다. 그리고, 월소득 800만 원 이상인 가구의 사교육비는 월평균 59만 3천 원으로 86.0퍼센트의 가구가 참여합니다. 전체 가구의 15.8퍼센트는 월평균 70만 원 이상의 사교육비를 지출합니다.

학원 수업은 대체로 저녁 6시쯤 시작해 밤 9시나 10시에 끝납니다. 그러다 보니 저녁을 제때 먹지 못하는 학생들이 많습니다. 밤늦게야 저녁 식사를 하니 아침에는 밥맛이 없어서 아침을 제대로 먹지 않습니다. 학생들의 30퍼센트 이상이 아침을 먹지 않고 등교합니다.

서울 대치동 학원가의 초등학생을 인터뷰했던 SBS 방송을 기억합니다. 학원 수업을 마치고 다른 학원으로 가기 위해서 뛰어가며 밥을 먹는 초등학생을 인터뷰하는 장면입니다.[8]

"왜 혼자 밥 먹어요?"
"학원이 있어서요."
"몇 시까지 학원을 다녀요?"
"10시까지요."

서울의 학원 밀집 지역에서는 중고생뿐 아니라, 중고생들 사이에서 혼자 편의점 라면이나 패스트푸드점 햄버거를 먹는 초등학생들을 흔히 볼 수 있다고 합니다. "돈 없을 땐 컵라면 사 먹고, 돈 많을 땐 햄버거 사 먹어요. 돈 엄청 많을 땐 도시락 세트 사 먹고요."[9]

10대 청소년들은 육체와 정신이 엄청나게 성장하는 시기입니다. 인생 전체를 통해서 가장 잘 먹고 많이 먹는 시기이기도 합니다. 학생들이 학교가 끝난 후 학원에서 늦게까지 공부 스케줄에 의해 움직이면 저녁을 길거리에서 대충 먹거나 집에 와서 밤늦게 먹는 경우가 많습니다.

아침을 먹지 않고 학교에 오는 학생들도 많습니다. 학생들이 밤늦게 귀가하여 늦은 시간에 저녁밥을 먹거나 숙제를 하고 늦게 잠들기 때문입니다. 아침을 거르고 학교에 오는 학생들은 점심시간 한참 전부터 배가 고픕니다. 몸은 책상에 앉아 있지만 하루종일 배가 고파 수업에 집중하지 못하는 상황이 벌어지는 것입니다.

충분한 식사와 수면은 아이들의 학습과 성장에 필수적인 요소입니다. 전문가들은 어린 학생들이 너무 자주 혼자서 밥을 먹는 것은 대인관계를 어렵게 하고 창의성과 사회성 발달에 좋지 않다고 지적합니다. 식욕과 수면욕은 동물의 기본적인 본능입니다. 정상적인 컨디션을 유지하기 위해 가장 먼저 충족해야 하는 조건이기도 합니다. 그러나 많은 아이가 공부를 열심히 해야 한다는 명목으로 기본적인 욕구조차 제대로 존중받지 못하고 생활합니다. 이런 생활 속에서 성적을 올리라 강요받는 것은 다리에 바위를 묶고 달리기를 하라는 말과 같지 않을까요?

청소년의 사망 원인 1위, '자살'

보건복지부 '2022자살 예방백서'에 의하면 OECD 회원국 자살률 순위에서 한국이 세계 1위로 나타났습니다. 우리나라가 경제 대국 10위라고 하지만, 행복 지수는 최하위이며 세계에서 자살률이 1위라는 사실은 이미 많은 사람이 알고 있습니다.

10대 청소년과 20대 청년들의 자살률도 증가하고 있습니다. 그중 10대 청소년의 자살률은 매우 높습니다.[10]

10대 청소년들의 자살 원인 1위는 성적 문제입니다.[11] 우리나라 10대 청소년들은 성적 스트레스와 성적에 대한 부담감으로 고통받고 있습니다. 청소년들이 느끼는 고통은 정상적인 사회라고 보기 어려울 정도로 심각한 수준입니다. 경쟁교육고통해소방안모색 토론회 자료집(2022. 9.27)을 살펴보면, 10대 청소년들이 갖고 있는 성적에 대한 부담감과 고통을 아래와 같이 세 가지로 구체적으로 정리할 수 있습니다.[12]

경쟁교육과 대학입시로 인한 고통

전체 학생의 51.4퍼센트가 경쟁교육과 대학입시로 고통받고 있다고 답변했다. 초등학교 6학년 학생들의 15.0퍼센트, 중학교 3학년 학생들의 42.5퍼센트, 일반고 3학년 학생들의 74.7퍼센트, 영재고나 특목고, 자사고 3학년 학생들의 76.3퍼센트가 고통받고 있다고 답변했다.

불안과 우울감

학업성적으로 인한 불안과 우울감 때문에 자해와 자살을 생각해본 적이 있다고 답변한 학생들은 전체 학생들의 25.9퍼센트였다.

학업과 성적에 대해 스트레스를 받는 이유에 대한 답변이 있었다. 그중 가장 큰 이유는 '나 자신에 대한 실망과 자신감 상실'이라고 전체 학생들의 74.3퍼센트가 답변했다. 초등 6학년 학생들의 72.1퍼센트, 중학교 3학년 학생들의 75.6퍼센트, 일반고 3학년 학생들의 75.3퍼센트, 영재고나 특목고, 자사고 3학년 학생들의 73.8퍼센트가 답변했다. 스트레스를 받는 두 번째 이유는 '자신의 가치에 대한 상실감'이라고 답변했다.[13]

10대 청소년들이 이처럼 성적 문제로 고통 받고 자신에 대하여 실망하고 자신감을 상실하고, 자신에 대한 가치를 상실하고 있는 현상은 청소년들의 잘못이라고 할 수 없습니다. 우리 사회 어른들의 무감각, 교육정책을 수립하는 책임 있는 지위에 있는 사람들의 무지와 무능에 의해 청소년들이 고통받고 있는 것입니다. 10대 청소년들이 '자신의 존재 자체가 축복이라는 생각' '인간으로 세상에 태어나기를 잘했다는 생각' '바로 이곳에 태어나서 다행이라는 생각'을 하면서 살면 어떨까요? 그러나 우리 사회에서 성장하는 대부분의 청소년은 자기 자신에 대해 불안감을 느끼고 자기의 존재가치에 대하여 의심을 품습니다.

각종 통계는 우리나라 청소년들이 행복하지 않다고 말하고 있습니다. 우리나라 청소년들은 전 세계에서 가장 많은 학업 스트레스를 받고 있습니다. 놀라운 일입니다.

왜 어린 청소년들이 자발적으로 죽음을 선택하는 것일까요? 어른들은 아이들의 죽음이 교육정책, 학교생활과 밀접하게 연결되어 있다는 사실을 알아야 합니다.

우리나라의 교육정책과 어른들의 욕망이 청소년을 아프게 합니다. 아직도 우리의 교육정책은 나라의 주인인 민주시민을 기르는 일보다 학생들을 성적으로 경쟁시키고 줄 세우는 데 몰두하고 있습니다. 일제고사로 학교와 학생들을 줄 세우고 대학 서열화와 고교서열화 정책으로 학생들과 보호자들을 고통스럽게 하는 것입니다.

노벨문학상을 수상한 인도의 시인이자 교육자였던 타고르(Rabindranath Tagore, 1861~1941)는 획일적인 시험으로 학생을 서열화시키는 일제식 교육의 문제점을 설명하면서 「앵무새 길들이기」라는 인도의 옛날이야기를 예로 들었습니다.[14] 그 내용을 한번 살펴봅시다.

옛날 어느 왕국에 아름다운 목소리로 하루종일 노래 부르는 새가 살았습니다. 그러나 그 새는 경전을 외우지 못했습니다. 왕은 신하들에게 새에게 경전을 교육하도록 명령했습니다. 신하들은 회의를 소집했고, 신하들은 토의 끝에 새가 보잘것없는 집에 살기 때문에 경전을 외우지 못한다고 결론을 내렸습니다. 그래서 신하들은 가장 멋진 황금 새장을 만들도록 했습니다. 그런 다음 학자들은 서기들을 불러 수많은 교재를 복사하도록 했습니다. 마침내 화려한 황금 새장이 완성되었고, 새는 그 안에서 살게 되었습니다. 새는 매일 학자들이 읽어주는 경전을 따라 읽었습니다.

어느 날, 왕은 학자들이 새를 잘 교육시키는지 보려고 군악대를 앞세우고 새를 교육시키는 곳으로 갔습니다. 학자와 신하들은 모두 왕의 방문을 환영하며 박수와 찬사를 보냈습니다. 왕은 신하들의 환영에 만족하여 잠시 새에 대해 잊어버렸습니다. 그때 한 사람이 왕에게 물었습니다. "전하! 이제는 새가 경전을 외웁니까?"

그때서야 왕은 신하들에게 새가 경전을 외우도록 지시했습니다. 황금 새장 안의 새는 매일 학자들이 읽어주는 경전을 따라 외우다 보니 불평조차 못 할 만큼 목이 쉬고 몸은 쇠약해졌습니다. 신하가 새장의 문을 여는 순간, 창밖에서 한 줄기 햇살이 비추자 새는 행복해 잠시 날개를 퍼덕거렸습니다. 놀란 신하가 재빨리 새를 꺼냈으나 새는 이미 죽어 있었습니다.

새에게 가장 필요했던 것은 화려한 황금 새장도, 위대한 학자의 교육도 아니었습니다. 오직 푸른 하늘과 햇살, 그리고 자유였습니다.

비교하지 않아도 나는 멋져요

앞에서도 말했듯이 중학생들은 자기가 세상에서 가장 잘나고 멋지다고 생각합니다. 이렇게 자기에 대한 애정이 강한 아이들에게 어른들이 강요하는 경쟁과 서열화는 무력감을 느끼게 합니다. 나는 나 자신으로서 이미 충분히 멋진데, 어른들은 성적이라는 한 가지 기준으로 우열을 나눕니다. 처음에는 이런 상황이 불편하고 화도 나다가, 나중에는 깊은 무력감을 느끼게 됩니다. 불특정 다수의 어른에 대한 믿음을 잃어버리고, 불만과 억울함만 품게 됩니다.

대학입시가 모든 교육 내용과 형식을 규정하는 환경에서는 일상생활 자체가 스트레스입니다. 학교에서도, 집에서도, 친척들이 모이는 자리에서도 오직 공부만이 관심사입니다. 이런 환경에서 오는 갑갑함과 억울함은 화, 분노, 우울함으로 아이의 마음속에 쌓입니다.

거칠게 욕을 하는 아이들을 붙잡고 누구에게 그렇게 욕을 하는지 물으면 "선생님한테 그런 것도 아니고, 친구한테 하는 것도 아니"라고 대답합니다. 그저 견디기 힘든 상황에 대해 화가 나서 욕을 하는 것입니다. 고작 이제 중학생인 아이가 말입니다. 그러니 아이와 대화를 해보려 해도 뜻대로 흘러가지 않습니다.

"부모님은 등수가 잘 나오기보다는 너희가 즐겁게 공부하고 건강하길 바라서."

"그래도 등수가 잘 나와야 해요."

"엄마 아빠 마음을 그렇게 모르겠니?"

"엄마 아빠가 원하는 건 제가 쉬지 않고 공부하는 거잖아요."

아이가 하고 싶은 것, 좋아하는 것을 말하면 얼마든지 지원해주고 재능을 키워주겠다는 부모도 있습니다. 하지만 아이들 대부분은 공부 외의 것을 해본 적이 없기 때문에 눈에 띄는 특기가 없습니다. 있다 해도 자기 자신이 무엇을 잘하는지, 무엇을 좋아하는지를 모르겠다고 합니다.

우리는 살면서 여러 분야에서 성공한 사람들을 봅니다. 기업가로 성공한 사람, 운동선수로 성공한 사람, 작가, 음악가, 무용가로 성공한 사람, 혹은 아주 유명하지는 않지만 자신만의 확실한 특기가 있어 그것으로 생계를 잇고 있는 사람 등등.

공부 이외의 다양한 분야에 재능이 있다는 것을 알기 위해서는 일단 공부 이외의 여러 가지 활동을 해보아야 합니다. 또한, 다양한 예술 활동과 운동 등은 삶을 즐겁고 풍부하게 살기 위해서도 관심을 갖고 배워야 하는 것들입니다. 그러나 대부분의 아이는 모든 시간을 공부에 쓰기를 강요당하며, 다른 여지를 상상할 기회조차 쉽게 허락받지 못합니다. 자신이 좋아하는 것이 무엇인지를 느끼고 생각할 시간도 없이 청소년기를 보냅니다.

그렇게 열심히 공부해서 대학에 진학하거나 취업을 앞두었을 때쯤이면 부모는 아이가 '완전히 어른이 되었다'고 생각합니다. 그러나 청년이 된 아이는 돌연 "무엇을 하고 싶은지 모르겠다" "하고 싶은 일이 없다" "내가 하고 싶었던 공부는 이게 아니었던 것 같다"라고 하면서 '인생 수정'을 선언해 부모를 당황하게 만듭니다.

하지만 그리 놀랄 일도 아닙니다. 청소년기 동안 오직 공부만 하도록 강요받은 아이들이 다다를 수 있는 지극히 자연스러운 결론입니다. 오늘날 많은 청년이 30대가 가까워지도록 진로를 찾지 못하고 방황하고 있습니다. 이런 상황에 가장 큰 책임이 있는 사람은 다름 아닌 그들을 키운 어른들입니다.

아이들의 영혼을 좀먹는 '학교폭력'

학교와 학생 사이의 폭력

학교폭력이라고 하면 학생과 학생 사이의 폭력만 생각하기 쉽지만, 보다 근본적인 의미의 학교폭력은 학교 구성원으로서 받는 모든 유·무형의 폭력을 말합니다. 물리적인 폭력, 성적

폭력, 언어를 이용한 괴롭힘, 명예훼손, 따돌림 등이 모두 학교폭력입니다. 또한 온라인 공간에서 이루어지는 따돌림, 정보통신망을 이용해 신체, 정신, 재산상의 피해를 입히는 행위도 학교폭력에 포함됩니다.

학교 안에서 맺는 인간관계는 학교 밖에서 자연스럽게 맺어지는 관계와는 다릅니다. 학교는 '학생들을 교육한다'는 목적이 있는 장소입니다. 따라서 학교는 다양한 방법으로 학교가 추구하는 '관계 맺기'의 형태를 지도하게 됩니다. 우리나라 학교가 아이들에게 요구하는 것은 '경쟁'과 '서열화'입니다. 때문에 학교 안에서는 아이들의 관계 또한 이 구도 안에서 이루어질 수밖에 없습니다.

즉, 학교폭력의 가장 큰 원인은 학교 안에서 학생들을 극단적인 경쟁으로 몰아가는 교육 구조입니다. 경쟁에서 이기는 것만을 높이 평가하는 분위기 속에서 아이들은 누구나 경쟁에서 이겨 인정받고 싶어 합니다. 공교롭게도 학교 안에서 인정받는 경쟁은 오직 성적 경쟁뿐입니다. 그러나 성적 경쟁에서 탈락한 학생들이라고 해서 인정받고 싶은 욕구가 없는 것은 아닙니다. 이 시기에는 특히 인정 욕구가 강해지는 때입니다.

그래서 아이들은 아이들만의 경쟁을 만들어내고, 그 경쟁에서 이기려고 싸웁니다. 청소년 폭력은 인정받고 싶은 마음에서 시작하는 경우가 많습니다. 학교 안에서의 폭력은 아이들이 쉽게 접근할 수 있는 경쟁이기도 합니다. 청소년들의 다양한 재능과 인정받고 싶은 에너지를 성적 경쟁이라는 한 가지 틀에 가두어놓으면 여러 가지 문제들이 일어나는 것입니다.

아이들이 폭력적으로 변하는 또 하나의 원인은 사회에 팽배한 물질만능주의입니다. 학교폭력의 중요한 동기 중 하나가 '경제적인 욕구'입니다. 갖고 싶은 물건을 폭력으로 가로채거나, 지속적으로 돈을 요구하고 갈취하는 일이 빈번하게 발생하는 것입니다. '돈을 벌기 위해서라면 수단과 방법을 가리지 않아도 된다'는 암묵적인 사회 분위기와 무관하지 않은 현상입니다.

학교폭력은 청소년에 대한 보호자의 관심과 사랑으로 예방하고 또 치유할 수 있습니다. 나아가 학교 교육의 정책적 방향이 성적으로 학생을 줄 세우는 경쟁이 아니라 함께 협력하는 방향으로 진행되어야 합니다. 즉 학생들의 배움의 공간인 학교가 교육적 역할을 회복해야 한다는 뜻입니다. 친구 없는 사람이 단 한 사람도 없는 모두가 행복한 학교를 만드는 것이 교육 과정과 수업, 학급 운영의 참 목표가 되어야 할 것입니다.

모두가 힘을 합쳐 극복한 학교폭력

중학교 3학년 반을 맡았을 때의 일입니다. 동현이란 아이가 3월 초부터 결석을 자주 했습니다.

연속 3일을 결석한 어느 날, 저는 반 아이들과 함께 동현이네 집을 찾았습니다. 동현이 어머니는 동현이가 지난밤에 늦게 들어와 "학교에 안 가겠다"며 울었다고 했습니다. 그러는 아이를 달래서 아버지가 교문 앞까지 데려다주고 출근했다는데, 정작 동현이는 학교에 오지 않은 것입니다. 동현이가 게임을 좋아한다는 이야기에 우리는 동네 피씨방을 모두 뒤지다시피 했습니다. 그리고 마침내 동현이를 찾았습니다. 그런데 이게 웬일입니까? 동현이의 얼굴에 심한 멍이 들어 있었습니다. 입술도 터져 있었습니다. 동현이는 "맞은 것이 창피해서 학교에 나가지 않았다"고 했습니다. 끈기를 가지고 대화를 시도하자, 동현이는 이제까지 옆 반 학생들에게 지속적인 폭력에 시달리고 있었다는 사실을 털어놓았습니다.

다음 날, 학교에 가서 옆 반 담임선생님, 생활지도 선생님과 의논을 했습니다. 그리고 먼저 학생 생활부와 담임선생님들이 협력해 가해 학생들부터 지도하기로 했습니다. 그래도 안 되면 그때 다른 방법을 생각해보기로 했습니다.

가해 학생들은 2학년 때 동현이랑 같은 반이었습니다. 놀랍게도 그 아이들은 동현이 집에 놀러 간 적도 있고, 동현이 어머니가 밥을 차려준 적도 있을 정도로 가까이 지내던 아이들이었습니다.

그중 덩치 큰 한 아이가 어느 날부터인가 폭력에 앞장섰다고 했습니다. 컴퓨터 게임 아이템 거래를 해야 한다며 동현이에게 여러 차례 돈을 요구했다고 합니다. 그러나 동현이가 더는 돈이 없다고 버티자 하굣길을 노려 공터로 끌고 가 때린 것입니다.

가해 학생 네 명은 각자의 부모님과 함께 동현이 부모님과 동현이가 있는 자리에서 무릎 꿇고 사과를 하고 반성문을 쓰는 과정을 거쳤습니다. 동현이가 그 이상의 처벌은 원하지 않았기에 사건은 마무리되었습니다.

만일 폭력 대책이 여기까지만 진행되었다면 폭력은 재발할 수도 있었을 것입니다.

그 일이 있은 후 석 달이 넘는 기간 동안 동현이 아버지는 출근길에 반드시 동현이를 학교에 데려다주었습니다. 또, 하교 시에는 반 친구들이 동현이와 함께 귀가할 수 있도록 팀을 짰습니다. 반 아이들이 나서서 동현이의 피해를 막으려는 움직임을 보여서인지, 가해 학생들도 그 뒤로는 함부로 동현이에게 접근하지 못했습니다.

자리 배치를 정하는 시간에는 함께 앉고 싶은 친구가 누구인지 희망을 받아서 짝을 미리 정해주고, 자리도 앞자리로 배치해주었습니다. 동현이는 함께 앉은 친구와 친해지고, 모둠 활동에도 흥미를 느끼기 시작했습니다. 하굣길에 함께 다니는 친구들과도 친해졌습니다.

동현이는 폭력에 대한 트라우마로 힘들어했지만, 그래도 천천히 학급 친구들과 친해졌습니다. 농담도 하고 장난도 칠 정도로 안정감을 되찾아갔습니다.

동현이를 폭력으로부터 구하기 위해 많은 사람이 힘을 합쳤습니다. 담임이었던 저, 옆 반 담임선생님, 생활지도 선생님, 동현이의 부모님까지, 하지만 누구보다도 가장 큰 도움이 된 것은 반 친구들이었습니다.

도움을 받은 것은 동현이만이 아닙니다. 일련의 과정을 통해 반 아이들 모두가 '친구가 당하는 폭력'에 적극적으로 개입하면서, 폭력의 피해자를 돕는 법을 배웠습니다. 힘을 합치면 폭력에 대항할 수 있다는 자신감을 가지게 된 것입니다.

학교폭력, 집단따돌림은 큰 사회적 문제로 대두되고 있습니다. 그러나 피해 학생은 교사, 반 친구들, 나아가 부모에게까지 외면당하기 쉽습니다. 어디서부터 손을 대야 할지 모를 막막함, 끼어들었다 나까지 피해를 보지 않을까 하는 불안감이 쉽사리 피해자를 도울 수 없게 만들기 때문입니다. 실제로 학교폭력을 휘두르는 학생은 소수입니다. 교사와 부모, 반 친구들 모두가 피해 학생을 돕고 폭력을 예방하기 위해 힘을 합친다면 눈에 띄는 성과를 얻을 수 있습니다. 그럼에도 폭력을 억누르기가 이처럼 어려운 이유는 '힘을 합친다'는 것 자체를 경쟁 중심인 교육 과정에서 중요하게 여기지 않기 때문입니다.

또, 여러 사람의 힘이 필요하고, 시간이 오래 걸리는 일은 각종 교육 '업무'에 치여 제대로 이루어지기 힘듭니다. 사실 우리의 '학교폭력 추방'은 아직 한 번도 제대로 실행된 적이 없는 것입니다.

피해 학생이 가해 학생으로

여름방학이 끝난 뒤, 학교로 돌아온 동현이의 얼굴은 밝고 단단해져 있었습니다. 곧잘 아이들과 어울리며 장난을 쳤고, 저와 눈이 마주칠 때면 싱긋 웃기도 했습니다. 이제 걱정 안 해도 되겠다고 생각했습니다.

그런데…….

싸움의 발단은 방과 후 영어 수업이었습니다. 정민이와 동현이는 일제고사에서 영어와 수학 성적 미도달 학생으로 지정돼, 여러 친구와 매일 방과 후에 남아서 한 시간씩 영어와 수학에 대한 기초 문제 풀이를 했습니다. 이 시간에 정민이가 숙제로 내준 단어를 다 외우지 못하는 바람에 손바닥을 맞았습니다. 그 모습을 보면서 동현이가 웃었고, 정민이는 눈을 흘겼습니다.

수업이 끝나고 정민이는 "남은 창피하고 화나 죽겠는데 너는 왜 웃냐?"고 따졌고, 동현이는 "미안하다"고 대답했습니다. 그러자 정민이가 "미안하다면 다냐?"고 따지며 동현이 뺨을 때렸다고 합니다. 그때였습니다. 뺨을 맞은 동현이가 갑자기 무서운 기세로 달려들어 주먹으로 힘껏 정민이 입을 몇 차례 때렸고, 그 바람에 정민이의 입술이 찢어져 피가 났습니다.

그 뒤 동현이는 학교 밖으로 뛰쳐나가 집에 들러서 돈을 가지고 가출했고, 정민이는 입술을 세 바늘 꿰맸습니다.

동현이 엄마가 울며 말했습니다.

"선생님, 동현이가 '이제 나는 학교에 절대 안 가'라는 문자를 남겼어요. 자기 방에서 교복을 불태우고 돈 2만 원을 가지고 나갔어요."

저와 동현이네 부모님, 그리고 동현이네 집 주변에 살고 있는 친구들은 다섯 명씩 조를 짜서 피씨방과 만화방 등을 뒤지며 동현이를 찾아다녔습니다. 하지만 성과가 없었습니다. 동현이를 못 찾은 우리는 동현이에게 걱정하는 마음을 담은 휴대폰 문자를 남기고 집으로 돌아왔습니다.

다음 날 아침, 동현이 엄마로부터 전화가 왔습니다.

"동현이가 돌아왔어요. 선생님, 심려를 끼쳐드려 죄송합니다."
"어머니, 동현이가 집에 왔으니 됐습니다. 무조건 꼭 안아주세요. '네가 집을 나가 방황하는 시간이 우리에게는 지옥 같았다. 이제 네가 돌아와서 다행이다'라고 꼭 말해주세요. 그리고 내일, 동현이와 아버님이 학교에 와주셨으면 합니다."

동현이와 정민이의 싸움이 있고 나서 학급 회의가 세 차례 열렸습니다. 친구끼리 싸울 경우, 같은 반 친구들은 어떻게 개입하고 중재할 것인가에 대한 토론이었습니다. 토론은 반 친구들끼리 서로에 대해 관심을 갖고, 싸움이 커지기 전에 "멈춰!"를 외치며 말리고, 서로에게 고쳐야 할 점이 있으면 중재자를 두고 대화하거나 회의를 열어서 잘잘못을 따지자는 방향으로 정리되었습니다.

동현이와 정민이는 학급 회의를 통해서 서로의 잘못을 사과하고 화해했으며, 학급 친구들의 적극적인 관심과 노력으로 사이좋게 지내는 관계로 발전하였습니다. 부모님께서도 서로 전화를 주고받으면서 아이들이 잘 화해하고 지낼 수 있는 분위기를 만들어주었습니다.

이 사례에서 가장 주목해야 할 것은 폭력에 시달리던 동현이가 폭력의 가해자가 되었다는 점입니다. 이것이 폭력의 가장 무서운 점인 '전염성'입니다. 가정 폭력은 대물림되며, 학교 폭력은 전파됩니다. 폭력을 당했던 기억은 피해자의 마음에 큰 상처와 트라우마를 남깁니다. 폭력을 당했던 기억 때문에 누군가 자신을 공격적으로 대한다 싶으면 지나치게 과민 반응을 하게 되고, 그것이 도리어 폭력 가해로 이어지는 것입니다.

학생과 학생 사이의 폭력은 셀 수 없이 다양한 형태로 이루어집니다. 화가 나서 돌발적으로 일어나는 경우도 있고, 지속적으로 일어나는 경우도 있으며, 피해 학생이 가해 학생이 되기도 하고, 작은 충돌이 돌이킬 수 없는 불행한 결과를 가져오기도 합니다.

중요한 것은 더 많은 학생이 학교에서 존중받을 수 있도록 하는 것, 아이들이 서로 아끼고 존중하는 분위기를 만드는 것입니다.

중학생, 친구 없이는 못 살아

중학생에게 친구는 목숨

친구를 통해 관계 맺기를 배운다

중학생부터는 하루 중 가장 긴 시간을 가족이 아니라 친구와 보내게 됩니다. 때문에 친구를 가족과 같은 존재로 인식하기도 하고, 때로는 가족보다 더 가까운 관계로 느끼기도 합니다.

중학생 시기에는 삶의 질이 친구에 의해 좌우된다고 해도 과언이 아닙니다. 아이들은 친구 사귀기를 통해 다른 사람의 마음을 이해하고 상상하는 정서적인 성장을 이룹니다.

중학생들이 친구를 사귀는 방식은 아동기 때와는 질적으로 다릅니다. 중학생들은 친구 없이는 할 수 있는 일이 거의 없다고 생각합니다. 친구가 없다는 데서 오는 외로움은 가족이 해결해줄 수 있는 성질의 외로움이 아닙니다. 아이들은 친구가 있어야만 정상적이고 행복한 생활을 보낼 수 있다고 생각하며, 그 때문에 친한 친구를 절실하게 바랍니다.

아동기의 정서는 타인과의 관계보다 가족 관계나 개인적인 자아 형성을 중심으로 발달합니다. 그러나 초등학교 고학년 때부터 타인과의 '관계'에 관심을 가지기 시작하고, 중학생 때는 본격적으로 공감 능력을 터득합니다.

폭넓은 친구 관계를 맺을 뿐 아니라, 깊은 만남을 이어가기 위해 여러 가지 노력을 합니다. 관계 맺기에 적극적이기 때문에 한번 친구를 사귀면 오랫동안 사귑니다. 초등학생 때는 새 학년에 올라가 학급 친구들이 바뀌면 친한 친구도 바뀌는 경향이 강합니다. 그러나 중학생 때부터는 한번 친해진 친구와 오랫동안 관계를 유지하며, 때로는 평생 친구로 지내기도 합니다. 이 시기, 남학생과 여학생의 차이가 두드러지는 부분이 친구를 사귀는 방식입니다. 여학생은 몸과 정서가 남학생들보다 2년 정도 빠르게 발달하기 때문에 이런 부분이 친구 사귀기에도 반영됩니다. 여학생들이 대화를 중심으로 친구를 사귀는 반면 남학생들은 운동과 놀이 등 몸으로 부딪치는 활동을 통해 친구를 사귀는 배경입니다.

친구를 사귀는 것이 공부에 방해가 된다며 아이가 친구 사귀는 것을 꺼리는 부모도 있습니다. 이런 행동은 아이의 남은 인생에 큰 해를 끼치는 일입니다. 아이의 사회성 발달을 방해하기 때문입니다. 오히려 교사와 부모가 협력하여 중학생들이 또래 친구와 어울릴 수 있도록 적극적으로 지원해야 합니다. 중학생 때 친구를 통한 관계 맺기를 배우지 못하면 당장 고등학교에 올라가서부터 사회성에 격차가 생깁니다.

청소년기에 또래 친구들과 어울리면서 풀었어야 할 외로움이나 분노 등이 마음속에 남으면, 마그마처럼 흘러 다니다가 예상할 수 없는 상황에서 분출됩니다. 어른이 된 뒤에도 주변 사람들의 사소한 행동에 쉽게 분노를 느끼거나 지나치게 예민하게 반응하는 등 심리적 어려움을 겪는 경우가 많습니다.

'종로에서 뺨 맞고 한강에서 눈 흘긴다'는 속담처럼, 친구들과 일상적으로 감정을 나누지 못하는 아이들은 부모나 형제에게 쉽게 화를 내거나 짜증을 내기도 합니다.

학교는 친구를 만나기 위해 가는 곳

중학교 1학년 네 개 학급의 학생들에게 간단한 설문 조사를 해보았습니다. 첫 번째 질문은 "학교에 오는 이유는 무엇인가?"였습니다. 가장 많이 나온 대답은 "친구를 만나려고"였습니다. 같은 질문에 학부모들은 "공부를 하기 위해"라는 대답을 가장 많이 했습니다. 부모와 학생들이 중요하게 여기는 학교의 역할이 확실히 구별되는 결과이지요.

두 번째 질문은 "학교생활 중 가장 즐거운 시간은 언제인가?"라는 질문이었습니다. 1등은 "친구들과 함께 이야기를 나눌 때", 2등은 친구들과 "함께 운동 경기를 할 때"였습니다.

세 번째 질문은 "가장 불행하다고 느끼는 때는 언제인가?"였습니다. "친구들과 관계가 원만하지 못할 때"라는 대답이 1등을 차지했습니다. 학생들은 늘 집에 함께 가던 친구가 어느 날 다른 친구와 귀가를 하는 것만으로 크게 낙담하고 배신감을 느낀다고 대답했습니다.

네 번째 질문은 "친구들과 함께 가장 하고 싶은 일은 무엇인가?"였습니다. 압도적으로 많은 학생이 '여행'을 선택했습니다. 친구들과 함께 자유롭고 새로운 모험을 하고 싶은 마음이 드러난 답입니다.

주말이나 방학에 청소년을 대상으로 하는 믿을 만한 캠프 등을 적극 활용해 친구와 색다른 경험을 할 수 있게 도우면 아이의 정서 발달에 큰 도움이 됩니다. 더 안전하게는 가족 여행을 갈 때 아이의 친구를 데리고 가는 것도 고려할 만한 일입니다. 가족과는 기본 일정만 함께하고, 친구와 함께 자유롭게 자연 속을 거닐거나 숙소 근처에서 놀고 올 수 있도록 배려하면 아이들은 우정과 추억을 쌓을 수 있습니다.

중학생들은 '친구 없이는 못 산다'고 할 정도로 친구를 좋아합니다. 어른들은 중학생의 교육 과정을 편성할 때 이런 특성을 고려해야 합니다. 친구와 함께 뛰어놀고 협력하면서 문제를 해결하는 즐거움을 누릴 수 있는 기회를 많이 접할 수 있도록 교사와 부모가 함께 도와야 합니다.

친구 관계 때문에 아이가 상담을 요청해올 경우, "친구 관계가 원만하지 않아도 너는 학교에서 네 할 일만 하면 된다"라는 식의 조언은 아무런 도움이 되지 않습니다. 어른들의 생각과 달리 아이들은 자신의 할 일을 하려고 학교에 가는 것이 아니기 때문입니다. 아이 입장에서는 어른들의 그런 말이 문제를 파악하지 못하는 답답한 대답으로밖에 들리지 않습니다.

아이의 친구가 아니라, 내 아이가 문제!

부모는 십수 년 동안 아이를 지켜보았습니다. 아이의 행동에 익숙해져 있을 뿐만 아니라 혈육으로서의 애정을 가지고 아이를 대하기 때문에 아무래도 주관적인 시각으로 아이를 보게 됩니다.

그에 반해서 교사는 아이를 객관적인 시각으로 바라봅니다. 어느 쪽이 더 좋거나 나쁘다고 할 수는 없습니다. 아이의 성장에는 애정을 담아 지지하는 주관적인 시선과 객관적으로 분석하는 시선이 모두 필요합니다. 교사와 부모의 또 하나의 차이는 아이를 관찰하는 환경입니다. 부모는 집에서 가족과 지내는 내 아이 한 명만을 관찰하지만, 교사는 학교에서 여러 사람과 지내는 아이들을 동시에 관찰합니다.

그러다 보면 문제가 되는 행동을 하는 아이들이 보이고, 부모님과 상담을 하기도 합니다. 그런데 면담을 하는 부모님들 중에는 '아이의 친구' 탓을 하는 분들이 있습니다.

"우리 애가 친구를 좀 잘못 사귄 것 같아요."

"친한 친구가 없다는 뜻인가요?"

"아니요. 욕을 하거나 행실이 좋지 않은 친구들에게 휩쓸려서 수업 시간에도 지적을 많이 받고 노는 데만 정신이 팔리는 것 같아요. 친구들한테서 전화가 그렇게 많이 와요. 주말이면 아침 먹고 나가서 밤에나 돌아올 정도로 친구들과 몰려다니고요."

"정수가 학교에서 욕을 많이 합니다."

"우리 애가요? 우리는 집에서 욕을 하지 않도록 엄격하게 가르쳐요. 어린 시절부터 욕을 하거나 투덜거리며 말대꾸를 하는 경우에는 아빠에게 엄청나게 혼났어요. 집에서는 욕도 안 하고 그런대로 큰 말썽은 안 부리는 편인데요."

"어머님, 정수 친구가 아니라 정수가 문제입니다. 옆에서 보고 있으면 정수가 먼저 친구들에게 화를 내고 욕을 할 때가 많습니다."

이렇게 말하면 대부분의 부모님은 심한 거부 반응을 보입니다. 교사가 말하는 아이의 모습이 자기가 보아온 아이의 모습과 다르다고 생각하기 때문입니다. 그래서 교사가 아이에 대해 잘못 파악하고 있다거나, 아이에 대해 편견을 가지고 있다고 반론하기도 합니다. 평소에 아이가 교사에 대한 불평불만을 털어놓던 일도 떠오릅니다.

그러나 교사와 부모의 입장에는 큰 차이가 있습니다. 부모는 '아이가 소수의 가족과 함께 생활하는 모습'을 지켜본 사람이며, 교사는 '아이가 다수의 타인과 함께 생활하는 모습'을 지켜본 사람입니다. 혼자 있을 때, 혹은 작은 집단 안에 있을 때는 문제점이 드러나지 않는 사람도 규모가 큰 집단 안에서 남들과 부딪히다 보면 문제점이 드러날 수 있습니다.

학교는 공동생활을 하는 곳입니다. 그리고 집은 개인 생활을 하는 곳입니다. 집에서는 아이들이 불편할 일이 많지 않습니다. 요즘은 형제도 많지 않아서 기껏해야 둘이 함께 생활하거나 각자 자기 방을 가지고 있습니다. 집에서 가족과 사이가 불편해지면 자기 방에 들어와버리면 그만입니다. 집에서 큰 문제를 보이지 않는 아이가 학교에서는 말썽을 부리는 이유가 무엇일까요? 그것은 자기 기분을 통제하지 못하기 때문입니다. '자기 방에 들어간다'는 선택지가 없어졌을 때 아이가 가진 진짜 통제력이 드러나는 것입니다. 자기 통제력이 약한 아이는 작은 일에도 양보하지 않고, 상대에게 욕을 하거나 큰 소리로 싸움을 벌입니다.

아이에게 문제가 생겼을 때, 많은 부모가 친구를 잘못 사귀어서 그렇다고 진단합니다. 그러나 아이의 친구에게 문제를 돌리지 않고, 내 아이에게 문제가 있다는 것을 직시해야 합니다. 더 나아가서는, 내 아이가 잘못된 친구에게 끌려가는 아이가 아니라 친구들에게 좋은 영향을 끼칠 수 있는 건강한 아이로 성장하도록 도와야 합니다.

교사들도 아이의 문제점에 대해 솔직하게 말하는 것이 학부모에게 큰 충격과 저항감을 줄 수 있다는 것을 압니다. 그런데도 문제점을 직접 표현하는 경우는 대부분 교사의 노력만으로는 한계가 있어서 부모님의 협조를 구해야 할 때임을 알기 때문입니다. 이런 때, 부모님들이 자존심을 세우거나 아이의 문제점에 대한 사실 여부를 다투다 보면 정작 중요한 '아이'는 논의에서 실종되고 맙니다.

학부모 상담은 아이를 비난하기 위해서 하는 것도, 부모를 비난하기 위해서 하는 것도 아닙니다. 아이를 돕기 위해서 부모와 교사가 함께 의논하는 자리입니다.

중학생의 친구 사귀기

감정을 조절하고 표현하는 연습을 하자

학급은 여럿이 한 교실을 사용하며 생활하는 공동체입니다. 공동체 생활 자체는 유치원이나 초등학교에 입학하면서 시작되지만, 본격적으로 관계에 대해 고민하며 자신의 감정을 표현하고 다른 사람의 감정을 이해하는 데 관심을 갖게 되는 것은 중학생 때부터입니다.

중학생은 친구와의 관계를 조율하며 자신만을 중심으로 생각하던 자기중심성을 극복하는 단계에 있습니다. 다른 사람의 기분이나 감정을 상상하고 느끼는 능력이 이때 크게 발달합니다. 타인과 함께 살아갈 수 있는 능력을 터득하는 시기입니다.

그러나 이런 능력 역시 저절로 계발되지 않으며, 긍정적인 방향으로 발현되기 위해서는 훈련과 연습이 필요합니다.

중학생, 특히 1학년 때는 내면에서 복잡하고 다양한 감정이 폭발적으로 일어나는 시기입니다. 이기거나 지는 것을 중심으로 관계가 형성되기 때문에 작은 일로도 자주 다투고, 우열을 가리기 위해 자주 싸웁니다. 다시는 안 볼 듯이 원수처럼 싸우다가도 다정하게 어깨동무하고 다니면서 친근감을 과시하기도 합니다.

감정의 기복이 심한 청소년들에게는 '욱하는 순간'을 참기 위한 훈련이 가장 중요합니다. 그 순간만 참고 넘기면 사이좋은 친구가 되는데, 그 순간을 참지 못하고 충돌해서 원수가 되는 일이 중학생들 사이에서는 매일 같이 일어납니다. 그래서 아이들에게는 충돌하는 순간에 잠시 '마음의 휴지기'를 두는 훈련을 시켜야 합니다.

방법은 여러 가지가 있습니다. 저는 아이들에게 화가 날 때는 심호흡을 하고 속으로 "하나, 둘, 셋"을 세라고 가르칩니다. 그리고 가까운 곳에서 친구들이 싸우려고 할 때는 "멈춰!"라고 외치는 연습을 시킵니다. 작은 훈련이지만 습관이 되도록 지도하면 꽤 큰 효과가 있습니다.

집에서도 얼마든지 응용할 수 있습니다. 집에서는 아이들끼리 싸우는 경우보다 부모와 자식이 부딪혀 싸우는 경우가 많습니다. 그러니 훈련도 부모가 자식에게 시키는 방식이 아니라, 부모와 자식이 함께해야 합니다. "나 지금 화난다. 내가 우선 심호흡을 하고 다섯까지 셀 동안 너 눈에 힘 풀어. 하나, 둘, 셋⋯⋯."

청소년기에는 다양한 방법을 통해 분노가 치미는 순간을 조절하는 지혜와 인내심을 꼭 습득해야 합니다. 싸움을 한 아이들에게 '참을 인(忍)' 자에 대해 설명해주고 참을 인 자를 수십 번 쓰도록 하는 교사도 보았습니다. 화가 났을 때는 일단 그 장소를 떠나도록 하는 것도 하나의 훈련이 될 수 있습니다.

"지금은 답답해서 말이 잘 안 나와. 나중에 이야기하자" "지금 너무 화가 나서 잘못하면 싸울 것 같아. 다음에 다시 이야기하자" 같은 말로 자신의 감정을 표현하고 일단 밖으로 나가는 것입니다. 한숨 돌리고 나서 보면 아무 문제도 아닌 경우가 많습니다.

청소년기에는 뇌 발달을 촉진하는 여러 가지 신경세포, 특히 정시와 감정을 관장하는 거울뉴런이 발달하는 시기임을 앞에서 이미 말했습니다. 거울뉴런은 절대로 혼자서는 발달하지 못하고 다른 사람과 감정적인 상호작용이 일어날 때만 발달합니다. 거울뉴런의 발달을 위해서는 상대방에게 자신의 감정을 표현하고, 다른 사람에 대한 애정과 협력을 경험해야 합니다.

중학생들에게 과도한 경쟁이나 성적에 따른 줄 세우기식 교육이 독이 되는 이유가 여기에 있습니다. 아이들에게는 감정을 표현할 기회, 광장이나 운동장, 모래사장 등 자연 속 넓은 공간을 한껏 누비며 친구들과 함께 마음껏 놀 기회, 협력하면서 문제를 해결하는 법을 배울 기회가 반드시 필요합니다. 그런데 우리 교육은 오히려 그 기회를 박탈하고 있습니다. 하루 종일 좁은 실내에서 갇혀 있다시피 생활하고, 협력보다는 경쟁을 중요하게 여기는 교육을 진행하기 때문에 아이들은 항상 긴장과 스트레스 상태에 놓여 있습니다. 그렇지 않아도 신경이 날카로워져 있는데 늘 경쟁을 요구당하다 보니 친구들과 자주 충돌하고 사소한 일로도 죽기 살기로 싸우게 됩니다.

"저 새끼가 기분 나쁘게 하잖아요."
"내가 언제 널 기분 나쁘게 했는데?"
"나를 무시하는 표정으로 쳐다봤잖아!"
"야, 난 너한테 관심도 없어. 쳐다보긴 누가 쳐다봤다고 난리냐?"
"저게 진짜 죽고 싶어서……."

아이들을 따로 불러서 이야기를 나눠보면 어떤 사건이나 문제보다는 감정 표현 방법 때문에 다투는 경우가 대부분입니다. 이런 아이의 부모님을 만나보면 부모님 역시 감정 표현이 서툰 경우가 많습니다. 아이는 감정을 표현하고 조절하는 방법을 배울 기회가 없었기 때문에 일상적인 말투가 시비조가 되고 그 때문에 주변 사람들과 자주 다툼이 일어납니다.

관계 맺기의 첫걸음은 자신의 감정을 적절하게 표현하는 것입니다. 실제로 우리는 살아가면서 누군가에 대한 마음을 제대로 표현하지 못해 오해를 사거나 관계를 진전시키지 못하거나, 최악의 경우 관계를 망쳐버리기도 합니다. 자신의 감정을 올바른 방법으로 표현하고 상대방의 감정을 이해하는 학습과 훈련은 반드시 필요합니다. 이런 훈련이 되지 않으면 어른이 되어서도 서툰 감정 표현 때문에 사람들과 트러블이 생기고, 쉽게 다투며, 감정을 조절하지 못하는, 사회성이 부족한 사람이 될 수 있습니다.

나-전달법과 친해지자

감정을 표현하는 대표적인 훈련법으로 '나-전달법(I-Message)'이 많이 알려져 있습니다. 부모교육자이자 심리학자인 토마스 고든이 만든 대화법인데, 이 책에서도 간단하게 소개해보겠습니다.[15]

'나-전달법'의 핵심은 말하는 문장의 주어를 '너'가 아닌 '나'로 만드는 것입니다.

이 문법에 맞추어 좀 더 긴 이야기를 할 수도 있습니다. 기본은 '아이가 하는 행동을 설명'하고, '부모의 감정을 표현'하고, '부모의 감정에 의한 영향'에 대해 이야기하는 것입니다.

"네가 오겠다는 약속 시간보다 많이 늦도록 안 오고 전화도 안 받아서(아이가 하는 행동을 설명) 엄마는 너무 걱정이 되었어.(부모의 감정 표현) 조금 전까지 버스정류장에 나가서 기다리다가 지금 들어왔어.(감정에 의한 영향)"
"동생한테 그렇게 심한 욕을 하다니(아이가 하는 행동을 설명) 엄마는 너무 놀랍고 속이 상해서 몸이 다 떨린다. 동생이 상처받았을 걸 생각하면 걱정이 돼. 그리고, 엄마는 힘이 센 사람이 자기보다 약한 사람에게 함부로 하면 안 된다고 생각하기 때문에 더 화가 나.(부모의 감정 표현) 그래서 아까 소리를 지른 거야.(부모의 감정에 의한 영향) 갑자기 소리 지른 건 엄마도 잘못했다."

나-전달법의 핵심은 감정을 느끼고 있는 주체인 '나'를 주어로 삼아 문장을 만드는 것입니다. '너'를 주어로 삼으면 비난이 되기 쉽지만, '나'를 주어로 삼으면 상황이나 심정을 설명하는 문장이 됩니다. 따라서 아이의 반발심을 최소화할 수 있고, 아이의 공감을 이끌어낼 수도 있습니다. 이런 대화 방식은 서로에 대한 비난을 멈추고 상황을 돌아보게 만듭니다. 상황에 의해 일어나는 감정을 공유하는 대화 방식이기 때문입니다.

상대의 실수나 잘못으로 화가 나는 경우, 상대방에게 책임을 묻고 욕을 하거나 소리를 지르는 등 격한 행동을 하기 전에 내가 화가 나 있다는 사실을 정확한 언어로 전달하는 것이 중요합니다. 이렇게 자신의 감정이나 상황을 솔직하게 전달하

너 - 전달법	나 - 전달법
"너 그렇게 정신 사납게 떠들지 마라."	"시끄러워서 내가 일에 집중이 안 돼."
"네가 친구를 때린 건 잘못한 거야."	"네가 친구를 때려서 엄마가 속상해."

면, 불필요한 오해를 줄이고 자신의 마음을 차분하게 돌아보면서 더 좋은 관계를 맺어나갈 수 있는 여유를 가질 수 있습니다. 나-전달법은 부모가 먼저 충분히 연습한 다음 아이에게도 훈련을 시키는 것이 좋습니다.

감정이나 생각을 적절하게 표현해야만 다른 사람과 좋은 관계를 맺을 수 있습니다. 대화에 참여하는 사람이 각자 어떤 생각을 하고 있는지 정확한 표현을 할 때, 제대로 된 상황과 감정을 공유할 수 있기 때문입니다.

또, 아이가 친구와 다투고 침울해할 때는 친구와 아이 사이의 잘잘못을 따지기보다 이야기를 들어주고, 사이좋게 지내던 때를 언급하며 친구와의 관계를 돌아보도록 조언하는 것이 좋습니다.

아무하고나 앉기는 싫어

아이들에게 '어떤 친구 옆자리에 앉게 될까?'는 항상 큰 관심사입니다. 자기가 좋아하는 친구와 함께 앉고 싶어 하고, 공정한 방법으로 자리를 배치 받고 싶어 합니다.

요즘은 많은 학교가 학생들의 의견을 반영해 자리를 정합니다. 저의 경우 가장 앞줄은 시력이 안 좋거나 신체적으로 배려를 받아야 하는 학생들을 배치하고, 맨 뒷자리에는 희망자를 앉히곤 했습니다. 그리고 나머지 학생들의 자리는 제비뽑기로 정했습니다.

그런데 제비뽑기에는 문제가 있습니다. 공정할 수는 있지만 아이들의 의사가 전혀 반영되지 않는다는 것입니다. 불만을 가진 아이들의 의견을 받아들여 전체 학생의 희망을 받아서 배치를 해보았습니다. 자리 배치를 바꾸기 일주일 전부터 희망을 받고, 타당한 이유를 제출한 학생들의 희망을 우선적으로 받아들여 자리를 배치했습니다. 원하는 자리 위치와 함께 앉고 싶은 사람을 모두 적어 내 두 가지 희망 중 한 가지는 꼭 반영하도록 했습니다. 짬짬이 아이들을 만나 설득도 하면서 진행하다 보니, 자리 배치를 준비하는 데만 일주일이 걸리더군요.

사실 교사에게 학생 자리 배치는 골치 아픈 일입니다. 학급당 학생 수가 많다 보니 아이들 대부분이 칠판이 잘 보이고 집중이 잘되는 중간 자리와 앞자리에 앉고 싶어 합니다. 공부를 하지 않고 딴짓을 하려는 아이들은 뒷자리나 구석 자리를 희망합니다. 그래서 100퍼센트 학생 희망대로 해줄 수는 없고, 어떻게 해도 불만이 나옵니다. 그러다 보니 가장 품을 덜 들일 수 있도록 무조건 제비뽑기로 배치하거나, 정해진 번호 순서 등을 이용하게 됩니다. 그러나 조금만 신경 쓴다면, 자리 배치는 아이들이 자연스럽게 좋은 친구를 사귈 수 있게 교사가 돕는 매우 유력한 방법이 될 수 있습니다. 특히 먼저 친구에게 다가가지 못하는 내성적인 아이들에게 그렇습니다.

근영이와 현주라는 아이들이 있었습니다. 서로 성격은 비슷했지만 성향이 내향적이라 둘 다 친한 친구를 만들지 못하고 각자 외톨이 생활을 하고 있었습니다. 교사의 눈에는 좋은 친구가 될 수 있을 것 같아 보였지만 제비뽑기에서 늘 엇갈렸습니다.

그래서 학생들의 희망을 받아 자리를 배치하기로 한 기간에 저는 현주 어머님과 의논하여 현주와 근영이가 함께 앉을 수 있도록 했습니다. 아니나 다를까 둘은 단짝이 되었습니다. 대학생이 된 지금도 여전히 친한 친구로 지내고 있다고 합니다.

자기 아이가 무조건 공부 잘하고 리더십 있는 친구와 함께 앉기를 바라는 부모들이 많습니다. 그러나 아이는 자신과 성격이 잘 맞고 관심 영역이 비슷한 친구를 사귀기를 원하며, 또 그런 친구를 만났을 때 정서적 성장을 제대로 이룰 수 있습니다. 부모님이 원하는 이상적인 친구상을 아이에게 강요하지 말아야 합니다.

내게 주어진 역할이 필요해

〈루돌프 사슴코〉라는 크리스마스 캐롤의 가사를 떠올려봅시다. 그 노래는 반짝이는 코 때문에 놀림을 받고 외톨이가 되었던 루돌프가 산타의 썰매를 끄는 역할을 맡으면서 많은 사랑을 받게 되었다는 내용을 담고 있습니다. 한번 살펴볼까요?

> 루돌프 사슴 코는 / 매우 반짝이는 코 만일 내가 봤다면 / 불붙는다 했겠지 다른 모든 사슴들 / 놀려 대며 웃었네 가엾은 저 루돌프 / 외톨이가 되었네 안개 낀 성탄절 날 / 산타 말하길 루돌프 코가 밝으니 / 썰매를 끌어주렴 그 후론 사슴들이 / 그를 매우 사랑했네 루돌프 사슴 코는 / 길이길이 기억되리

간단해 보이는 이 노래는 생각 외로 깊이 있는 분석이 가능합니다. 노래 속 루돌프는 왜 외톨이가 되었을까요? 많은 사람이 '다른 모든 사슴이 놀려 대서' 루돌프가 외톨이가 되었다고 생각할 것입니다.

그런데 한 교사는 다르게 분석했습니다. 루돌프가 외톨이가 된 것은 단순히 다른 사슴들이 놀렸기 때문이 아니라고 말입니다.

> "다른 사슴들이 루돌프를 놀려서 속이 상했다면, 루돌프를 놀리지만 않으면 문제가 해결될까요? 놀린 것에 대해 사과만 한다고 루돌프가 행복해질까요? 놀림이란 아이들 문화에서는 관심을 표현하는 놀이이기도 해요. 자존감이 높은 아이들은 서로 놀리고 놀림 받으며 그것을 놀이로 받아들일 수 있는데, 자존

감이 낮은 루돌프는 놀림을 감당하지 못하고 스스로 숨어버린 거예요. 그런데 그때 산타가 루돌프의 개성과 조건에 맞는 역할을 제안했어요. 루돌프는 맡은 일을 열심히 하고 잘 해내서 다른 사슴들에게 인정받고 행복해졌지요. 다른 사슴들이 친절하게 대해줘서 행복한 것이 아니라, 자신을 믿는 마음이 루돌프를 행복하게 만든 거예요."

루돌프가 역할을 부여받으며 자존감을 회복한 것처럼, 아이들에게도 공동체 안에서 적절한 역할을 맡는 것은 자존감과 직결되는 중요한 문제입니다. 학생들은 누구나 학급 공동체 안에서 역할을 맡는 것을 좋아합니다. 역할을 통해 자신의 존재를 인정받는다 느끼기 때문입니다. 그래서 요즘에는 '1인 1역할'이라 해서, 반 학생들 모두에게 한 가지씩 희망을 받아 역할을 맡깁니다. 옛날에는 반장과 부반장 등 각 '장'과 당번, 주번 정도의 역할만 있었지만 요즘은 달라졌습니다.

아이들은 맡은 일을 통해 자신의 위치와 자존감을 찾아가며, 친구들과 적극적이고 긍정적인 관계를 맺어나갑니다. 어른들에게는 별것 아니게 보이는 일이라도 아이들은 개의치 않습니다.

학급 대표, 연락반장(1주일씩 순환), 독서반장(권장도서), 학급기록담당(행사안내), 안전관리담당(안전교육), 비상약품 담당(건

강교육), 과목별 수업반장, 쓰레기 분리수거담당(환경교육) 등 등……. 학급 살림살이도 역할을 나누어보면 제법 할 일이 많습니다. 이런 역할들은 보통 2-4명씩 함께 맡으며 협력하고 해당 분야 교육을 담당합니다. 희망자가 많은 역할은 일정 기간씩 순환하고, 필수적으로 1주일씩 담당하는 역할도 있습니다.

한 번은 쓰레기 분리수거를 맡은 아이의 부모님이 역할에 대한 선입견을 품고 항의성 전화를 하신 적도 있었습니다. 그러나 부모님의 우려와 달리 이 학생은 환경생태 교육에 관심 있는 친구들과 함께하고, 학급 전체 환경교육을 겸하며, 관련 자료를 조사해 반 친구들 앞에서 발표하고, 학급 친구들의 생활 모습까지 바꾸어 아이들에 게 큰 신임을 받았습니다.

학급 생활에서 어떤 일을 맡아 끝까지 담당하고 완수해낸다는 것은 아이의 자존감과 책임감을 높이는 데 크게 기여합니다. 부모님의 기준으로 아이가 맡은 역할을 판단하거나, "공부에 방해되니 그런 것은 대충하라"는 식으로 이야기하는 것은 아이의 가치관에 혼란을 주는 일이기도 합니다.

대부분의 아이들은 자신이 맡은 역할에 진심을 다합니다. 학급에서 아이가 어떤 역할을 맡고 있는지 관심을 보여주시고, 맡은 역할을 잘 해낼 수 있도록 격려해주십시오.

아이의 친구, 어떻게 대해야 할까?

아이에게 뛰어난 친구가 있을 때

> "엄마, 오늘 음악 수행평가로 노래를 불렀는데요. 경식이가 정
> 말 노래를 잘했어요."
> "눈 크고 잘생긴 경식이?"
> "네. 경식이는 공부도 잘하고 말도 잘해요. 그런데 노래도 잘
> 하더라구요. 나도 그 애처럼 뭐든 잘하면 엄마가 좋아할 텐
> 데……."

사람들은 다른 사람과 비교당하는 것을 싫어합니다. 그런데
도 아이들은 때로 부모 앞에서 친구를 칭찬합니다. 마치 비교
를 유도하는 것 같습니다. 이것은 부러운 마음을 솔직하게 드
러내는 동시에 '그래도 우리 부모님은 나를 가장 사랑한다'는
것을 확인하기 위한 방법입니다.

> "우리 아들이 경식이보다 공부랑 노래는 못할지 모르지만 마음
> 씨는 더 착할 것 같은데? 엄마한테는 우리 아들이 최고지."

아이가 친구를 칭찬할 때는 부모가 '뛰어난 사람'이 아닌 바

로 '너'를 좋아한다는 점을 정확히 확인해주는 것이 좋습니다.

"너도 그 아이처럼……" "너도 노력하면 그 애보다 더……"
와 같은 반응은 아이와 친구의 관계를 멀어지게 하고, 아이의
내면에 갈등을 일으킬 수 있습니다. 친구의 장점을 살핀 아이
의 성숙한 태도를 칭찬해주고, 아이에 대한 부모의 애정과 신
뢰를 확인시켜줍시다.

아이의 친구가 마음에 들지 않을 때

중학생들은 여럿이 몰려다니는 것을 좋아합니다. 친구를 사
귈 때도 일 대 일로 사귀기보다 집단으로 어울려 다니면서 친
해지는 편입니다. 친구와 함께라면 어려운 것도 빠르게 배우
고 오래 기억합니다. 혼자 문제를 해결할 때는 어눌하고 파악
이 더디던 학생들도 친구들과 모둠을 편성해주면 빠른 속도로
상황을 파악하고 문제를 해결하면서 즐거워합니다. 그러다 보
니 개별 경쟁보다 팀별 경쟁이나 학급별 경쟁에 더 열정을 보
입니다. 중학생들은 또래 집단 안에서 그들만의 언어로 이야
기하고, 그들만의 세계를 만들어 소통합니다. 어른들이 만들
어놓은 세계에 반항하기도 합니다. 혼자서는 엄두를 내지 못
하던 행동도 몰려다니는 친구들과 함께라면 용감하게(?) 실행
에 옮깁니다. 학교 규정에 어긋나는 헤어스타일 하기, 옷 삐딱
하게 입기, 길을 막고 껌을 씹으며 왁자지껄 떠들기……. 어찌

보면 사소한 일들이지만 아이들은 이런 행동을 함께하는 데서 재미를 느끼고, 자기들에게 강한 힘이 있다고 생각합니다.

또 아이들은 또래 집단을 통해서 정보를 수집하고 공유합니다. 때문에 혼자 있으면 정보가 뒤떨어지고 공동의 문화에서 소외될 수 있다는 불안에 빠지기도 합니다.

어른들은 아이들이 여럿이 함께 몰려다니는 모습을 못마땅해하거나 걱정합니다. 돌발 행동이나 반항적인 행동을 하기 쉽다고 생각하기 때문입니다.

그러나 중학생들의 또래 집단은 추억과 우정을 쌓으며 정신적으로 성장할 수 있는 강력한 동기입니다. 무엇보다도 떼려야 뗄 수 없을 만큼 강한 응집력을 가지고 있기에 강제로 해체하려 하다가는 더 큰 부작용을 겪게 됩니다. 아이들의 집단성을 인정하고, 해서는 안 될 행동에 대해서는 정확하게 주의를 환기하면서, 건전한 친구 관계를 맺을 수 있도록 관심을 두고 지도하는 것이 바람직한 방향입니다.

그런데, 일반적으로 아이들의 집단 안에는 '불량기' 있는 아이가 한두 명 끼어 있게 마련입니다. 부모는 자기 아이가 불량해 보이는 아이와 어울리는 데 불만을 가집니다. 공부도 잘하고 예의 바른 친구만 사귀기를 바랍니다. 그러나 아이는 부모가 친구를 어른들만의 기준으로 평가하는 것을 매우 부당하게 생각합니다.

"엄마는 그 친구가 좀 마음에 안 들더라"라고 말하면, 바로 반격이 날아옵니다.

"내 친구가 왜 엄마 마음에 들어야 하는데요?"
"지난번에 우리 집에 왔던 친구들 중에 그 머리 노란 애 있잖아."
"응, 현우? 왜요?"
"걔는 욕을 좀 많이 하는 것 같더라."
"엄마! 현우가 겉모습만 그렇지 엄청 착해요."

아이들은 무조건 자기 친구들을 감싸고 변호합니다. 부모가 친구에 대해서 조금이라도 못마땅한 기색을 보이면 적극적으로 옹호합니다. 부모님 입장에서는 불안하지만 아이들은 또래 집단 나름의 원칙에 따라 단결하는 것이며, 무엇보다도 집단 구성원들에 대한 비난을 자신에 대한 비난으로 동일시하기 때문에 반발하는 것입니다.

부모님께서는 아이 친구에 대한 평가나 비난을 하며 친구 관계를 통제하기보다는 친구 관계를 완전히 열어 보이게 유도하는 것이 좋습니다. 부모가 자신의 친구를 마음에 들어 하지 않거나 관계에 개입하려는 분위기를 풍기면 아이들은 자신의 친구를 부모에게 보여주기를 꺼리며 친구 관계에 대해서도 이야기를 하지 않게 되기 때문입니다.

친구들을 집에 데리고 와 함께 놀 수 있는 환경을 만들어주는 것도 좋은 방법입니다. 부모도 아이의 친구들과 친해진다면 더욱 좋습니다. 아이의 친구에 대해서 알게 되면 아이와 대화를 나눌 수 있는 화제가 풍부해지고, 고민이나 갈등 상황에도 긍정적인 도움을 줄 수 있습니다.

단, 자녀의 친구들이 집에 온다고 해서 아이들의 대화에 끼어들거나 시선이 닿는 범위에 두고 행동을 살펴보려는 듯한 느낌을 주면 오히려 역효과가 날 수 있습니다. 아이가 친구들과 편하게 놀 수 있도록 거실 등 넓은 공간을 양보한 후, 당분간 다른 방에서 책을 읽거나 자기 일을 하며 아이들 일에 관심을 끄는 것이 가장 좋습니다. 맛있는 간식을 주고 바로 퇴장하여 아이들끼리의 시간을 보장해준다면 아이들은 손님으로서 배려받았다고 생각하여 '이 친구의 부모님은 믿을 수 있다'고 여기게 될 것입니다.

단, '친한 친구'라고 생각했던 아이가 학교폭력 가해자나 피해자인 경우가 있으니 주의해야 합니다. 부모는 그저 다 같이 어울려 노는 친구라고만 생각했는데 알고 보면 가해자와 피해자의 관계였던 경우입니다.

아이의 자유를 보장해주라는 말은 아이를 방치하라는 뜻은 아닙니다. 친구들이 돌아간 뒤, 혹은 평소에 아이가 편하게 친구에 대해 털어놓을 수 있도록 부모는 항상 아이의 편이라는 정서를 구축해야 합니다. 학교폭력 가해자를 친한 친구인 척 집까지 데려오거나 부모 앞에서 연기를 하는 아이는 '부모를 실망시키고 싶지 않다'는 마음에 무리를 하는 경우임을 알아 둡시다.

친구와 함께 행동할 때 이것만은 주의!

많은 부모가 아이들이 좋은 친구와 건전하게 어울리며 우정을 쌓아가기를 바랍니다. 아이의 친구 중에 술을 마시거나 담배를 피우는 아이가 있다면 우리 아이도 분위기에 휩쓸려 나쁜 습관이 들 수 있다고 생각합니다. 그래서 아이에게 친구들에 대하여 이것저것 궁금해하고, 또 집에 온 친구의 옷차림이나 인상에 안테나를 세우게 됩니다.

그렇지만 이런 부모의 불안감은 아랑곳하지 않고 아이들은 자기 친구들에 대하여 늘 "착하다"고 표현합니다. "걔 말은 좀 심하게 해도 마음은 착한 애야" "엄마 걱정하지 마. 걔가 겉으로는 껄렁해 보여도 마음은 착해"라고 변호합니다. 부모도 아이 친구의 험담을 하는 것 같아 딱히 뭐라고 말하기가 애매합니다. 걱정이라도 할라치면 왜 친구들에 대해 편견을 갖느냐는 저항에 부딪힙니다.

그런 경우, 아이의 친구를 문제 삼기보다는 평소에 아이가 친구와 함께 다니며 지켜야 할 행동에 대해서 정확한 기준을 정해두는 것이 바람직합니다. 이때도 기준이나 원칙을 부모님이 일방적으로 결정하여 통보하기보다 아이와 함께 '해서는 안 되는 이유'를 공유하고 함께 의논해 정하는 형식을 지키는 것이 좋습니다.

다음 세 가지 정도의 원칙을 아이와 공유할 수 있습니다.

원칙 하나

아이들이 여럿이 함께 다니게 되면 그중 소외당하는 아이가 생길 수 있습니다. 함께 어울리는 친구는 공동체로서 서로를 존중하고 아껴주어야 한다는 것을 강조해주십시오. 자신이 소외당하고 따돌림받는 아이가 되었을 경우, 숨기지 말고 함께 해결해가자는 이야기를 해두는 것도 좋습니다. 의외로 친하게 함께 다니는 친구들 중에서 소외당하는 아이가 생기거나 따돌림이 생길 수 있습니다. 이 부분은 차후 아이의 사회생활에까지 영향을 끼치는 부분이므로 정확한 관점을 가질 수 있도록 지도합시다.

원칙 둘

친구들과 함께 즐겁게 웃고 수다를 떠는 것은 좋지만, 그러한 행동 때문에 피해를 보는 사람이 한 명이라도 생긴다면 행동을 중단해야 한다는 사실을 확인합니다. 내가 즐겁기 위해 다른 사람을 불편하게 만드는 것은 잘못된 행동임을 분명히 합시다. 기준은 나와 친구들의 즐거움이 아니라, 다른 사람에게 피해를 주는 것이냐 아니냐가 되어야 한다는 것을 주지시킵니다.

중학생은 몸이 한창 자라는 시기이기 때문에 성장과 건강을 해치는 흡연이나 음주는 안 된다는 사실을 확인합니다. 체력이 약해지고 키가 자라는 데 나쁜 영향을 끼치거나 살이 찐다는 이야기 등을 해주는 것이 좋습니다.

그 밖에도 가급적이면 아이와 친한 친구의 부모들끼리 연락을 주고받으며 소통하도록 합니다. 다른 아이들의 성장 과정에 대해 이야기를 나누거나 고민이 있을 때 의논하면 많은 도움이 됩니다. 내 아이만 지켜보고 있노라면 놓치는 부분, 혹은 지나치게 걱정하는 부분이 있게 마련입니다.

서로 연락망이 활성화되면 부모들끼리 먼저 논의해 아이들에게 특별한 문화 체험 등을 준비해줄 수도 있고, 나아가서는 친구를 동반한 가족 여행을 떠날 수도 있습니다.

아이 친구의 부모님 연락처는 아이 친구가 집에 왔을 때 자연스럽게 물어보거나, 담임선생님을 통하면 쉽게 알 수 있습니다. 부모끼리의 교류는 서로에게 큰 힘이 됩니다.

2부

중학생과 소통하는 법

중학생 자녀와
눈높이 대화하기

대화는 생각이 아니라 표현입니다

대화의 기술

중학교 1학년 담임을 맡았을 때의 일입니다. 하루는 종례시간
에 눈을 흘기는 아이가 있었습니다. 무슨 일이냐고 물었더니,
점심시간에 인사를 안 받아주었다는 것입니다. 미안하다고,
다른 생각하느라고 미처 인사하는 모습을 못 봤다고 사과했습
니다. 그러고는 학급학생들과 이렇게 이야기를 나누었습니다.

"○○이가 말해줘서 고맙습니다. 선생님이 여러분을 사랑하고 여러분도 선생님을 사랑합니다. 그런데, 사랑의 빛깔이 한 가지가 아니라 수천 가지 수만 가지 빛깔이라서 선생님의 사랑의 빛깔과 여러분의 사랑의 빛깔이 다를 수 있습니다. 그럴 때 사랑이 잘 전달되지 않아서 오해가 생길 수도 있습니다. 그럴 때는 오늘 ○○이처럼 이해가 안 가는 점은 물어봐주시고 부탁할 사항이 있으면 말을 해주기 바랍니다."

"말 안 하면 몰라요?"

"예, 말을 해주는 것이 가장 정확합니다. 몸짓이나 표정도 마음을 전달하는 효과가 있지만, 정확하지 않습니다. 말로 표현해야 잘 알아들을 수 있습니다."

"그리고요, 부탁 사항을 말하면 들어줘요?"

"말을 들어보고 할 수 있는 일이라면 적극 노력하겠습니다."

'구슬이 서 말이라도 꿰어야 보배'라는 속담이 있습니다. 부모의 사랑이 아무리 커도 정확하게 전달이 되어야 온전한 사랑으로 기능할 수 있습니다. 부모와 자녀 간에도 사랑의 빛깔이 수천, 수만 가지로 다를 수 있습니다. 사랑의 빛깔을 잘 전달하기 위해서는 친절하게 구체적인 말로 사랑을 표현해야 합니다. 부모가 사랑으로 하는 말이 자녀에게는 꽃이 되어 기쁨으로 피어나기도 하고, 칼이 되어 아이를 찌르기도 합니다. 독이 되어 아이를 힘들게 할 수도 있고, 희망의 씨앗이 되기도 합니다.

아이를 누구보다 아끼고 사랑하는데도 마음처럼 표현이 안 되는 경우가 많을 것입니다. "마음은 그렇지 않아"라고 강변할 게 아니라, 마음을 잘 표현하도록 부모가 먼저 노력해야 합니다. 부모는 어른이고 보호자이기 때문입니다.

부모의 마음이 아니라 부모의 말이 아이의 행복을 좌우합니다. 대화는 상대방을 존중하는 관점에서 자신의 생각을 언어로 표현하는 기술입니다. 생각을 적절한 언어로 표현하려면 무엇보다 대화의 기술을 터득해야 합니다. 기술은 저절로 깨우칠 수 있는 것이 아닙니다. 필요한 기본 지식을 공부하고 실습을 통해서 익혀야만 진짜 내 것이 될 수 있습니다. 배우기 전에는 어려워도 한 번 터득하면 여러 방향으로 활용이 가능하고, 생활이 편리해지는 것이 기술의 특징입니다. 대화의 기술 역시 마찬가지입니다.

대화의 기술은 부모가 터득해 자녀에게 물려줄 수 있는 가장 중요한 삶의 기술입니다. 그러기 위해서는 먼저 부모가 중학생의 발달 단계별 과제와 특징을 정확하게 알고, 아이들이 처해 있는 상황과 문화적 조건에 대한 지식을 쌓아야 합니다. 그것을 바탕으로 여러 차례의 시행착오를 거치면서 풍부한 대화를 나눌 수 있게 되는 것입니다.

대화의 목적

부모가 자녀와 대화할 때 주의해야 할 함정은 아이를 바람직한 행동으로 변화시켜야 한다는 부모의 목적의식입니다.

대화를 하기 전에 '아이가 공부를 하게 만들어야지' '정리정돈을 잘하게 만들어야지' '미래에 대한 목표를 갖게 만들어야지' 같은 생각을 한다면, 이 대화는 시작 전부터 실패했다고 보아도 무리가 아닙니다.

부모 중에는 '이 대화를 통해 반드시 ○○하게 만들어야 한다'라고 목표를 정해놓은 다음 대화를 시작하고, 아이가 원하는 반응을 보이지 않으면 화를 내거나 답답해하는 사람이 많습니다. 대화의 의미를 잃어버린 경우입니다. 대화의 목적은 '서로의 관계를 연결하는 것'이라고 할 수 있습니다. 의견은 다를 수도 있겠지만, '관계를 잇는 것'입니다. 그런 점에서 보면, 말없이 차를 마시는 것, 같은 풍경을 보는 것, 함께 길을 걷는 것 등은 대화를 이루는 중요한 요소들입니다. 서로 경험을 공유하고 시간과 공간을 공유하는 것은 대화를 이루는 요소들입니다. 말을 하라고 다그치기보다는 함께하는 시간을 갖는 것, 서로를 존중하는 것이 중요합니다. 그러므로 대화의 정석은 오직 '서로를 존중하고, 이해하려고 노력하는 것'뿐이라고 할 수 있습니다.

대화는 의견을 주고받는 매개체의 역할을 넘어서는 의미가 있습니다.아이들은 대화를 통해 자신의 의견이 받아들여질 때 동등한 인격체로 대우받고 사람으로서 살아가는 기쁨을 깨닫게 됩니다. 이러한 기쁨을 여러 번 경험하면서 아이는 점차 자신에 대한 자부심과 존재감을 내면에 차곡차곡 쌓아갑니다. 자부심과 존재감을 가진 사람은 누가 말하지 않아도 올바른 방향을 찾아 행동합니다.

그러나 결론을 내려주거나 교훈을 주어야겠다는 목적을 가지고 일방적으로 이야기하는 대화는 어떤 자부심도 존재감도 심어줄 수 없습니다. 상대방의 의견을 경청하고 받아들이기 위해 노력하는 법을 익히도록 해야 합니다. 아이는 그렇게 성장하는 기쁨을 느끼며 자라나는 것입니다.

부모는 눈앞의 작은 변화에 일희일비하지 말고 자녀를 인간 대 인간으로 믿어주고 존중하며 대화할 수 있도록 노력해야 합니다. 그러다 보면 변화는 부모의 마음속에서 먼저 일어납니다. 아이와의 소통을 통해 부모 역시 자기 자신에 대한 믿음을 얻게 되는 것입니다. 그러고 나면 부모는 아이와 함께하는 시간을 즐겁고 감사히 여기게 됩니다. 이런 마음가짐이 대화의 첫걸음입니다.

중학생과의 대화, 이렇게 다르다

듣고 싶은 말만 듣고 하고 싶은 말만 한다

앞에서도 말했지만, 중학생들은 자기가 듣고 싶은 말만 듣고 하고 싶은 말만 합니다. 아직 주변에 고루 관심을 기울이는 사회적 배려심이 미숙하고 자기 자신의 생각에만 집중하기 때문입니다.

그래서 아이와 이야기하다 보면 '얘가 지금 내 말을 듣고는 있는 건가?' 싶을 때가 한두 번이 아닙니다. 부모로서는 '속이 터지는' 일입니다. 하지만 아이들은 이런 상황을 아무렇지도 않게 생각합니다.

이런 현상은 아이들이 여럿이 모여 있는 교실에서도 잘 드러납니다. 하루 중 마지막 수업을 하는 1학년 교실의 풍경을 들여다봅시다.

교사가 주의를 환기시킬 겸 이렇게 말했습니다.

"자, 이제 마지막 수업이네요. 이 시간만 끝나면 집에 갑니다. 마지막까지 수업 잘하고 하루 생활을 마무리합시다."

여기서 아이들은 "집에 갑니다"라는 말만 듣습니다. 다소 엉뚱한 아이들이 "집에 가도 돼요?"라고 묻습니다.

다른 아이들이 "뭐?"라고 질문을 하며 웅성거리는데 한 아이가 외칩니다.

"지금 집에 가도 된대!"

그러면 여기저기서 한마디씩 합니다. "집에 가도 돼요?" "집에 가고 싶어요" "빨리 가고 싶어요"……. 성급한 아이들은 가방을 챙기기 시작합니다. 와글와글 시끄러워지면서 대화가 되지 않습니다. 교사 입장에서는 답답하고 화가 납니다.

그러나 이럴 때 아이들은 특별히 악의가 있는 것도, 어른들을 약 올리려는 것도 아닙니다. 그저 자신의 욕구와 심리 상태에 따라 행동하는 것뿐입니다. 아이들의 욕구는 욕구대로 인정을 해주고, 잠시 기다렸다가 해야 할 이야기를 진행하면 대부분 진정이 됩니다.

단, 이때 주의해야 할 점은 화를 내지 말고, 아이들의 관심과 욕구에 대해 동의부터 해준 다음 이야기를 해야 한다는 것입니다. 나중에 아이들과 이야기를 해보면 자기가 하고 싶은 이야기를 하는 것뿐이지, 선생님 이야기를 안 듣는 것은 아니라고 합니다.

집에서도 마찬가지입니다. 아이들은 하고 싶은 이야기를 중심으로 하고 듣고 싶은 이야기를 중심으로 듣습니다. 사실 모든 사람들이 그런 경향이 있는데, 중학생 때 특히 그런 현상이 두드러질 뿐입니다.

부모님 입장에서는 충분히 이야기했다고 생각하는 문제에 대해 중학생 아이가 전혀 엉뚱한 반응을 보이는 것도 이런 이유입니다. 이때 답답한 마음에 화를 내면, "엄마는 왜 화를 내세요? 내가 뭘 잘못했다고" 또는 "엄마가 그렇게 말했잖아요" "아빠가 소리를 지르니까 저도 말하기 싫어요" 같은 더욱 답답한 대답만 돌아옵니다.

아이가 내 말을 듣고 있지 않다는 기분이 들 때는 "너는 내가 말할 때 뭘 들은 거야?"라고 화를 내기 전에, 대화의 속도를 한 템포 조절하면서 "네가 지금 어떻게 하고 싶은지는 잘 알았어" 같은 말로 아이가 중요하게 생각하는 문제와 아이의 상황을 먼저 인정합니다. 그다음에 하고자 하는 이야기를 다시 한번 설명하면 됩니다.

자기 생각에 집착하고 자기중심적으로 말한다

중학생들은 자기가 옳다는 확신을 가지고 공격적으로 이야기합니다. 그러다 보니 무슨 이야기를 하든 항의하듯이 보일 때가 많습니다. 그러나 어떤 태도로 말을 하건 아이가 말을 할 때는 적극적으로 들어주고 아이의 상황과 감정을 수용하는 자세로 대화하는 것이 좋습니다.

이때 아이의 태도에만 초점을 맞추면 대화가 성립되지 않습니다. 말의 내용에는 귀를 기울이지 않고 태도에 대한 지적만 하다가는 아이가 더는 대화를 하려 들지 않을 수 있습니다. '내 이야기를 듣지 않는다'고 인식하기 때문입니다.

아침에 출근해서 시간표를 확인하고 있는데, 우리 반 아이인 소연이가 들어왔습니다.

"선생님! 왜 제 인사 씹었어요?"

"소연이구나. 일찍 왔네."

"아, 왜 제 인사 씹냐고요?"

"내가? 네 인사를 부시했다고?"

"네. 아까 선생님이 현관에서 계단으로 올라올 때 제가 인사했잖아요. 왜 제 인사를 씹냐고요. 제가 되게 신경 써서 인사했는데. 좀 속상해도 말 안 하려고 했는데요. 아침부터 기분이 좀 그래서 그냥 넘어갈 수가 없네요."

"미안해. 선생님이 다른 생각을 하고 오느라고 소연이가 인사하는 것을 못 봤어."

"선생님이 내 쪽 보는 거 봤는데요? 그래놓고 못 봤다고 하면 안 되죠."

이 대화 속에서 소연이는 숫제 따지듯이 시비를 걸며 말하고 있습니다. 이런 상황에서 어른들이 문제 삼는 것은 소연이의 예의 없는 태도입니다. 반대로 아이들이 문제 삼는 것은 '인사를 했다'는 사실, 즉 자기가 말하고자 한 내용입니다.

중학생 때는 말의 내용보다 버릇없는 태도 때문에 혼나는 경우가 많습니다. 고쳐야 할 점이지만 즉각 훈계하는 것은 전혀 도움이 되지 않습니다. 아이들은 자기 태도에 대해 문제의식이 거의 없기 때문에 그 훈계에 대해 공감을 하지 못하며, 오히려 어른에 대해 더욱 감정적인 저항감을 갖습니다. 따라서 청소년들과 관계를 맺을 때에는 형식보다 내용을 중심으로 판단하고, 그들에게 예의를 가르치겠다는 생각보다 친근한 관계를 만들겠다는 생각에 더 중심을 두고 다가가는 것이 중요합니다. 예의를 가르치는 것은 그다음 일입니다. 친밀한 관계를 구축한 어른의 말은 아이들도 저항감 없이 받아들이기 때문입니다. 그런 관계성이 형성되지 않으면 어떤 교육도 효과적인 결과를 가져오기 힘듭니다.

저 역시 이때 아이의 말투가 거슬렸던 것은 사실입니다. 하지만 화를 내는 대신 마음을 가다듬고 다시 한 번 웃으면서 말했습니다.

"소연아 미안해. 그리고 이렇게 와서 말해줘서 고마워. 네가 와서 말해주지 않았으면 오늘 우리 이쁜 소연이가 인사를 했다는 사실을 모른 채 지나칠 뻔했네."
"알았어요. 저도 화내서 미안해요."

소연이는 교무실 문을 나가다가 뒤돌아보더니, 웃으며 손을 흔들었습니다. 이렇게 화가 풀어지고 나면 이제 태도에 대한 조언을 해도 아이가 저항감 없이 흡수합니다. 혹은 먼저 사과를 해오기도 합니다. 예의 바른 태도로 자신을 표현하는 방법을 가르치기 위해서는 충고를 받아들일 만큼 가까운 사이가 되는 것이 우선 과제임을 잊지 맙시다.

생각보다 너그럽다

"엄마가 저한테 욕을 했어요."

"저런. 속상했겠네."

"그런데 나중에 사과하셨어요."

"그래? 네 기분은 괜찮아?"

"잘못했다고 하잖아요. 어쩌겠어요. 제가 이해해야죠."

부모들도 일상에서 많은 스트레스를 받기 때문에 아이가 말썽을 부리면 자기를 통제하기 힘듭니다. 부모의 어려움을 몰라주고 철없이 구는 아이에게 섭섭한 마음이 들고 화가 나서 말이 곱게 나오지 않습니다. 더구나 아이가 중학생이 되면 어느 정도 컸다는 생각에 의젓한 태도를 기대하고, 초등학생 때처럼 오로지 보호해주고 응석을 받아줄 대상으로 보지 않습니다.

그러나 중학생들은 덩치만 컸을 뿐, 아직 초등학생 때와 크게 다르지 않은 뇌를 가지고 있다는 사실을 꼭 기억해야 합니다. 그나마 불안정하여 초등학생 때보다 오히려 말이 통하지 않는 경우가 더 많습니다.

아이를 혼내고 훈계하는 이유는 무엇입니까? 자식이 잘되기를 바라기 때문입니다.

화가 나더라도 자신의 화풀이에 목적을 두기보다는 효과적인 방법을 써 아이에게 내 뜻을 전달하는 것이 가장 첫 번째 목적이 되어야 할 것입니다. 아이에게 하는 말은 부드럽게 하는 것이 가장 효과적입니다. 혹시 화가 나서 거친 말을 하게 되었을 때에는 나중에라도 사과하는 것이 좋습니다. '어린애에게 무슨 사과?'라는 식으로 생각해서는 안 됩니다. 먼저 사과하는 어른을 보고 자란 아이는 나중에 먼저 사과할 줄 아는 사람이 됩니다. 또, 아이들은 어른이 먼저 내미는 사과의 손길을 매우 관대하게 받아들입니다. 타인의 과실을 받아들이고 용서하는 사고의 유연성은 오히려 어른들보다 훨씬 뛰어납니다.

"우리 아빠요? 요즘은 노력하고 계세요. 저랑 약속하셨어요."
"우리 엄마요? 한번 믿어보려고요."
"선생님. 사람이 실수할 수도 있지요. 사과했으니까 됐어요."

아이와의 관계에서 잘못했을 경우, 가급적 빠른 시간 안에 사과하는 것이 좋습니다. 그리고 사과를 할 때에는 대충하거나 얼버무리지 말아야 합니다.

"미안, 미안. 야, 아빠가 사과하잖아. 그 태도가 뭐냐. 사과 안 받겠다는 거야?"
"미안해. 아빠가 사과할게. 그러니까 아빠 좀 이해해주고 너도 좀만 더 잘하면 좋겠어."

위의 두 문장은 잘못된 사과의 예시입니다. 변명을 늘어놓거나, 그러니까 너도 좀 잘하라는 말을 덧붙이는 사과는 상대의 반발을 살 뿐입니다. 아빠가 거친 말을 한 것은 아빠가 잘못한 것이며, 그 부분에 대해서는 가감 없이 사과해야 합니다. 사과할 때, 마치 너 때문에 내가 거친 말을 한 것이라는 인상을 주게 되면 사과하지 않느니만 못합니다.

"미안하다. 아빠가 너한테 나쁜 말을 했어. 진심으로 사과할게."

중학생 때 아이와 소통하고 대화하려는 노력을 한다면 아이를 다시 키울 수도 있다는 것을 명심하십시오. 자라면서 부모 때문에 마음의 상처를 입은 아이들도 중학생 시기에 이해와 존중을 바탕으로 관계를 다시 정립한다면, 일생 동안 부모에 대한 좋은 추억을 간직하면서 성장할 수 있습니다.

중학생과 대화하는 3단계 기술

아이와의 대화에서 가장 중요한 것은 "너를 믿고 이해한다"는 메시지를 전하는 것입니다.

부모가 꼭 터득해야 할 아이와의 대화 기술 3단계를 제안합니다.

1단계 : 사실 중심의 대화

— 상황에 대한 비난과 인격에 대한 비난을 구분해라

어른들은 종종 아이에게 발생한 문제와 상황을 아이의 성격이나 인격과 연관시킵니다. 잘못된 대화법입니다. 아이의 인격은 문제나 상황과 철저히 분리되어야 합니다.

교육학자 하임 G. 기너트는 "사실 중심으로 대화하라. 아이의 인격이나 성격에 대하여 말하지 말라"고 당부합니다.[16]

학교에서 아이가 지각을 하는 경우, 교사가 이렇게 말한다고 가정합시다.

"또 지각이야? 너는 어쩌면 맨날 이렇게 지각이니?"
"저 맨날 지각하지는 않거든요?"
"아휴, 저 말하는 태도 좀 봐라. 잘못을 반성하는 법이 없어요."
"저도 반성하고 있다구요."
"반성하는 사람이 태도가 그래? 아무튼 너는 못 말린다."

이 정도 되면 아이는 "짜증 나"를 연발하면서 엇나가기 시작합니다. 아이와 이야기할 때에는 아이가 일으킨 문제, 즉 사실(fact)을 중심으로 말하고, 아이의 성격과 인격의 문제로 확대하지 않는 것이 중요합니다.

특히 중학생은 한창 자부심을 형성하는 시기에 있기 때문에 말할 때 굉장히 방어적입니다. 자신의 실수에 대한 비난이 자신의 인격이나 성격으로 확대되면 정상적인 대화를 하지 못하고 매우 공격적으로 돌변합니다. 자존심에 대한 공격을 받았다고 생각하면 사소한 일로도 불같이 화를 내며 '목숨 걸고' 싸웁니다. 자기중심적이기 때문에 다른 사람의 평가를 부드럽게 받아들이지 못하고 격렬하게 반응합니다.

돌봄치유교실 운영자이자 학교폭력예방교육 강사인 송형호는 아이들과 대화할 때 겉으로 드러나는 태도나 말투보다는 아이들의 속마음을 들여다보고 아이의 감정을 적극적으로 인정해주는 것이 필요하다고 강조합니다. 아이들은 "나를 있는 그대로 인정해 달라"는 이야기를 자주 합니다. 자신이 일으키는 문제와 자신을 구별하고 싶어 하는 것입니다.

― 객관적 사실을 강조하고 아이의 감정을 인정해라

아침마다 늑장을 부리고 꾸물거리는 아이에게 "학교 늦겠다" "오늘도 지각하겠다"라고 말하는 것보다는 "시간 확인해라" "지금 0시 0분이야"라고 사실 중심으로 간단하게 이야기하는 것이 효과적입니다.

"학교 늦겠다" "오늘도 지각하겠다"라는 말은 아직 일어나지 않은 일을 추측해서 이야기하는 것입니다. 아직 일어나지도 않은 일로 꾸중을 듣는다는 느낌이 들면 지적 사항이 실제로 맞는 말이라 하더라도 아이에게는 반발심이 생깁니다. "아직 안 늦었어요" "뛰어가면 되잖아요" 같은 말로 괜스레 삐딱하게 나오기가 쉽습니다. 아이가 상황을 인지하고 스스로 경각심을 가질 수 있도록 지금 현재, 객관적 사실을 강조하는 화법이 가장 좋습니다. 아이가 놓인 상황과 감정 상태를 있는 그대로 인정하는 것도 중요합니다. 부모가 보기에는 사소한 일로 아이가 지나치게 화를 내거나 당황할 때, "뭐 그런 일로 화를 내니?"라는 식으로 말하면 아이는 공격적으로 변합니다. 그보다는 일단 아이의 감정 상태를 인정합니다.

"그래, 화났구나. 우리 딸."
"우리 아들이 지금 속상하구나."
"숙제를 안 가져가서 당황스러웠겠네."

사실을 중심으로, 상황과 감정을 인정하는 대화를 하게 되면 듣는 사람의 감정은 누그러집니다. 눈앞의 문제를 해결해야 한다는 의식을 가지고 상대방의 말을 받아들입니다.

또한 아이의 잘못을 지적할 때에는 길게 돌려 말하기보다는 바로잡아야 할 점을 중심으로 짧고 정확하게 말하는 것이 좋습니다.

예를 들어서 아이에게 정리정돈을 시키고 싶다면 "방이 왜 이렇게 어지럽니? 봐라, 옷은 방바닥에 굴러다니고 가방은 만날 팽개쳐져 있고……" 같은 식으로 장황하게 이야기하기보다는 희망하는 행동을 중심으로 "옷을 옷걸이에 걸었으면 좋겠다"라고 말하는 것이 효과적입니다.

— 말의 내용에 중점을 두어라

아이와 말을 할 때에는 아이의 눈만 보는 것이 좋습니다. 말의 내용에 중점을 두기 위해서입니다. 아이의 태도에 대해서는 일단 주의를 기울이지 않는 것이 대화를 원활하게 진행하는데 유리합니다.

아이와 어른들이 대화를 할 때 다툼이 일어나는 것은 대체로 아이들의 태도를 문제 삼기 때문입니다. 일단은 문제와 사실을 중심으로 대화하고 태도에 대해서는 나중에 조언해주는 것이 좋습니다.

사실 중심으로 대화하며 성장한 아이에게는 자신의 상황이나 마음을 객관적으로 상대방에게 전달할 수 있는 힘이 생깁니다.

아이의 말을 들을 때뿐 아니라 내가 말할 때도 마찬가지입니다. 아이가 부적절한 행동을 했을 때는 3단 서술법을 이용하면 보다 정리된 사실 중심 대화를 할 수 있습니다.

"3시간 동안 컴퓨터만 보고 있으니, 내 마음이 답답하다."
"다음 주부터 시험 기간이니 공부를 좀 했으면 좋겠다."

"너는 지금 나를 화나게 한다"가 아니라 "○○한 이유 때문에, 네가 ○○ 하니, 내 마음이 힘들다"와 같은 식의 논법이 아이들에게 더 큰 공감을 살 수 있습니다.

2단계 : 공감하고 경청하는 대화

중학교 남학생들이 가장 선망하는 직업 중 하나가 축구선수라는 사실을 알고 계십니까?

만일 아이가 "나는 축구선수가 되고 싶어요"라고 말한다면, 어떤 부모는 다음 날 당장이라도 아이를 축구 교실에 등록시킬지도 모릅니다. 혹은 "축구선수로 성공하기는 힘들다. 그보다는 공부를 열심히 해서 다른 직업을 선택하는 게 어떻겠니?"라는 식의 진지한 상담을 시도하는 부모도 있을 것입니다.

그러나 이는 축구선수로 진로를 정하겠다는 뜻이 아니라 운동장에서 마음껏 뛰어다니고 싶다는 속마음을 드러낸 것입니다. 중학생 때 "앞으로 ○○한 일을 하고 싶다"고 말하는 것은, 직업을 선택한다기보다는 자신이 좋아하는 일을 이야기하는 것에 가까울 때가 많습니다.

중학교 여학생들이 가장 선망하는 직업은 가수입니다. 화려한 조명 아래 많은 사람의 관심을 받는 주인공이 되고 싶다는 속마음이 반영된 것입니다. 직업적 가수가 되고 싶다는 말과는 다소 차이가 있습니다. 중학생들이 말하는 장래희망은 선망하는 직업 종사자들과 비슷한 환경, 비슷한 생활을 누리고 싶다는 희망사항이 반영된 것입니다. 이를 실질적 진로나 직업에 대한 희망으로만 읽어서는 안 됩니다. 어른들은 이러한 상황을 구분해서 이해해야 합니다. 그리고 생활 속에서 운동

시간을 확보하고 문화예술을 감상하거나 직접 체험할 수 있는 기회를 갖게 해주는 등, 아이들이 욕구를 해소할 수 있게 도와주어야 합니다.

　학교에서 만나는 아이들은 저에게 시도 때도 없이 "선생님, 라면 먹고 싶어요. 라면 끓여주세요"라고 말합니다. 이럴 때, "학교에서 어떻게 라면을 끓이냐?" "나중에 우리 집에 오면 라면 끓여줄게!"라고 말하면 아이들과 소통이 되지 않는 것입니다. "너희 배고프구나. 조금만 있으면 점심시간이니까 조금만 참자"라는 방식으로 반응해주어야 합니다. 어른들은 '라면'에 초점을 맞추지만 실제로 아이들은 '배가 고프다'는 말을 하고 있는 것입니다.

"선생님, 라면 먹고 싶어요."

"아침 안 먹었어?"

"네. 아침에는 배가 안 고파서 안 먹었는데요. 학교 오니까 배가 고파요."

"어젯밤에 저녁을 늦게 먹었구나."

"네, 선생님. 어떻게 아셨어요? 학원이 9시에 끝나니까 10시 넘어서 저녁밥을 먹어요."

"중학교 올라오니 공부하느라 여러 가지로 힘들지?"

속마음을 알아주는 대화를 통해 자신의 처지를 공감 받았다는 느낌이 들면 아이는 상대 어른을 신뢰하게 됩니다. 다른 대화를 한 번 더 봅시다.

"힘들어 보이네."
"○○하고 싸웠어요. 에이, 짜증 나."
"친하게 지내더니 왜?"
"내가 잘못한 것도 없는데 내가 먼저 사과하기도 싫고, 그냥 이렇게 지내기도 싫고, 짜증 나. 시험도 힘들고 신경 쓸 일도 많은데……."

친구 문제라니, 참 끼어들기 애매합니다. 일단 그냥 들어주기만 합니다.

"걔가 만화책을 빌려 달라고 해서 줬는데, 선생님한테 걸려서 뺏겼어요. 선생님한테 가서 도로 받아 오라고 했더니 오히려 화를 내는 거예요. 그래서 내가 싫은 소리를 했더니 울잖아요. 어이없어서."
"그래? 내가 뭐 도와줄 일 있니?"

그러면, 아이들은 보통 "제가 해결해야지요. 어차피 제가 해결해야 할 문제예요"라고 대답합니다.

"그러면 내가 너에게 위로하는 뜻에서 휴대폰으로 시 한 편 보
내줄까?"
"좋아요. 그러면 제가 읽을게요."
"우리 딸, 힘내! 사랑해."
"네, 엄마. 저도 사랑해요."

꼭 문제 해결에 직접적으로 도움을 줘야 한다고 생각하지
않으셔도 됩니다. 내 이야기를 들어주고 내 입장을 헤아려주
는 사람이 있다는 것만으로 힘이 되는 것은 아이나 어른이나
마찬가지입니다.

3단계 : 스스로 결정하도록 돕는 대화

자신의 생활에서 일어나는 문제들에 대해 직접 선택하고 결정
할 수 있도록 해주십시오.

아이가 바라는 것과 부모가 바라는 것이 다를 수 있습니다.
중학생 때는 자신의 의사를 꼭 부모가 바라는 방향으로 결정
하지 않아도 된다는 것, 자신의 의견이 부모와 달라도 괜찮다
는 것을 배워야 합니다. 부모는 아이의 미래를 걱정하지만 아
이는 현재를 살고 있습니다. 아이에게는 지금 누릴 수 있는 행

복을 누릴 권리가 있습니다.

사람이 행복해지기 위해 필요한 최우선 능력은 무엇일까요? 자기 앞에 놓인 문제들에 대해 자기 스스로 답을 선택하고 스스로 결정하는 능력입니다. 중학생 시기는 선택과 결정을 시도해보고, 시행착오를 경험하고, 부모의 조언을 들으며 최선의 결과를 이끌어내볼 수 있는 시기입니다.

스스로 선택하고 결정하는 능력이 없는 사람은 아무리 시간이 지나도 행복을 맛보기 힘듭니다. 사람의 행복은 성취감과 자신감, 자존감과 직결되는데, 타인의 결정에 따르는 것만 반복한 사람은 그런 부분을 발달시킬 수가 없기 때문입니다. 결정력이 미성숙한 사람은 늘 남에게 의존해서 살아가려 하며, 그렇기에 항상 불안합니다. 자존이란 '자신을 존중한다'는 뜻입니다. 자기가 자신을 존중하기 위해서는 자신의 일을 스스로 해결하는 과정이 반드시 필요합니다.

거창하지 않아도 됩니다. 일상 속에서도 이런 행복을 즐길 수 있습니다.

해야 할 일을 정할 때 부모 혼자 정하지 말고, 아이의 의견을 듣고 함께 검토하여 아이가 주도적으로 정할 수 있도록 해주면 됩니다.

아이들이 부모, 특히 엄마에게 가진 가장 큰 불만이 엄마 마음대로 모든 것을 결정한다는 점입니다.

"엄마는 항상 내 의견을 존중한다고 말씀하시죠. 그런데 정작 중요한 문제에 대한 결정은 다 엄마가 하세요."

"우리 엄마는 나보다 나를 더 잘 안대요. 그렇겠죠. 나를 낳았으니까요. 그래서 내 의견은 언제나 무시하세요."

"우리 엄마는 이렇게 말씀하세요. 엄마가 충분히 알아보고 따져봤어. 최선의 방법이야. 일단 엄마가 하자는 대로 해보자. 그러면 제가 뭐 어떻게 하겠어요?"

"그런데요, 왜 엄마가 전부 결정하냐고요. 공부하는 건 난데……."

특히 중학교에 올라오며 엄마들은 '공부 방법'과 '학원 일정'을 정하는 문제에 크게 신경을 씁니다. 이 부분에서도 양보가 필요합니다. 초등학생 때까지는 엄마가 일방적으로 학원을 정하고 공부 계획을 세워 진행해도 별 문제가 없었겠지만, 중학생은 자신의 의견을 반영해 계획을 세우고 싶은 욕구가 커지는 시기입니다. 자녀가 주도적으로 생활 계획을 세울 수 있도록 하고 엄마는 대화를 통해 보완해주는 방식으로 전환해야 할 때인 것입니다. 그러나 정작 현실은 반대로 흘러갈 때가 많습니다. 초등학생 때까지는 아이들이 하고 싶은 대로 자유를 허락하던 부모들도 아이가 중학생이 되면 '미래를 위한다'는 명목으로 일방적으로 스케줄을 정하고 따르도록 강요합니다.

128

부모가 공부 스케줄에 지나치게 간섭하면 아이의 문제 해결 의지와 자신감이 떨어집니다. 이런 콤플렉스가 해결되지 않고 굳어지면, 어른이 되어서도 자신의 자신감과 자존감이 부족한 이유가 부모의 일방적이고 독선적인 교육 방식 때문이라 생각하고, 부모에 대한 불만과 저항감을 갖게 됩니다. 앞서 살펴본 청소년들의 발달 과정은 모두 한 인간으로 독립하기 위한 준비 과정인데, 그것을 부모의 독단으로 흩트려놓은 것이나 다름없게 된 것입니다.

청소년기에 가장 열심히 해야 할 일은 자신의 문제를 자신이 해결하는 능력을 기르는 것입니다. 그러려면 직접 선택하고, 자신의 선택에 책임감을 가지고 노력해보는 경험이 필요합니다. 따라서 부모가 생각하는 프로그램을 일방적으로 따르도록 강요하는 것보다는 사전에 함께 의논하고 아이의 의견을 반영하는 쌍방향 대화를 일상화하는 것이 좋습니다.

아이와 대화할 때면 어른들 눈에는 정답이 뻔히 보이기 때문에 대신 결정을 내려주고 싶은 마음을 참기가 힘든 게 사실입니다. 그러나 부모는 아이의 문제를 해결하는 사람이 아니라 아이가 문제를 해결할 수 있도록 돕는 사람이라는 사실을 기억하고, 아이의 이야기를 더 많이 들어주려고 노력해야 합니다.

단계별 대화, 이렇게 한다

그러면 대화의 단계별 유의사항이 반영된 대화의 사례를 살펴보겠습니다. 아이들이 부모와 가장 많이 충돌하는 경우가 학교 이야기나 교사에 대한 이야기를 할 때입니다. 아이가 학교 생활과 관련한 불만을 이야기할 때, 부모님들은 대부분 학교와 교사를 옹호하는 경향이 있습니다. 동의를 했다가는 아이가 자신의 불만을 정당화하고, 학교나 교사에 대한 거부감을 가질까 봐 걱정하는 것입니다. 그러나 이런 부모를 보고 아이는 억울함과 분함을 느끼며, '선생님이나 부모님이나 똑같다'는 생각을 하게 됩니다. 아이들이 학교에서 있었던 일, 특히 교사와의 갈등에 대해 말할 때는 뻔한 정답을 제시하거나 교사를 변호하지 말고 그저 이야기를 들어주면서 자신이 결론을 찾아가도록 돕는 것이 중요합니다.

"우리 담임 정말 짜증나."
"담임선생님한테 그 말버릇이 뭐냐? 담임선생님을 담임이라고 하면 되니?"

이렇게 대화를 진행하면 절대 안 됩니다. 눈앞에도 없는 교사를 옹호하려다 눈앞에 있는 자녀와 원수가 되고 맙니다.

"우리 아들 힘들었구나."

"왜 나만 갖고 그러는지 모르겠어요. 마치는 시간에 다른 애들도 다 책상 위에 책 늘어놓고 떠들고 있었는데, 나만 이름을 부르면서 망신 주잖아요."

"저런, 그랬어?"

"그래서 치우겠다고 말했는데도, 그 태도가 뭐냐고 감점을 받아봐야 정신을 차리겠냐며 트집을 잡잖아요. 내가 뭐 초딩도 아니고."

"그래? 곤란했겠네."

"곤란한 정도가 아니에요. 내가 좀 있다 치우겠다고 하니까 당장 치우고 교무실로 내려오라는 거예요."

사실 부모들은 이쯤이면 아이의 태도가 상상이 됩니다. 그렇기 때문에 이 타이밍이면 "평소에 내가 보기에도 잘못을 지적할 때 받아들이는 너의 태도에 문제가 있더라"라는 이야기를 해야 하나 말아야 하나 고민이 됩니다. 선생님이 너무했다고 맞장구만 치기도 어려운 노릇이니까요.

"점점 어렵게 됐구나."

"성질나서 교무실에 가지도 않고 바로 집으로 와버렸어요."

이럴 때 "왜 안 갔느냐?"라는 말, "지금이라도 선생님께 전화를 드려라"라는 말이 튀어나오려는 충동을 참아야 합니다. 대신 아이의 이야기를 더 들어줍니다.

이 문제로 가장 심리적 어려움을 겪고 있는 당사자는 엄마도 아니고 담임선생님도 아니라는 것을 떠올립시다. 가장 어려움을 겪고 있는 사람은 아이라는 사실을 기억해야 합니다.

"그러면 네 마음이 좀 불편하겠네."
"네. 사실은 좀 많이요."
"어떻게 하면 좋을지 엄마도 생각해볼게. 너도 고민 좀 해보고 다시 이야기하자. 일단 씻고 뭐 좀 먹을래?"

아이가 여기까지 말하고 씻고 와서 식탁에 앉으면 결론은 이미 아이의 마음속에 있습니다. "내일 어떻게 해야 할지 고민이겠다" "이런 때는 어떻게 해야 할지 엄마도 참 어렵네" 정도로 말을 던지면, 대부분 아이들이 결론을 냅니다.

"제가 내일 가서 사과해야죠 뭐."

그때, "사과할 때 선생님의 훈계가 좀 길어질 수도 있을 거야. 인내심을 갖고 잘 마무리할 수 있지?" 정도로 확인하며 힘을 실어주면 됩니다.

어려운 일일수록 엄마가 해답을 주기보다는 아이가 스스로 해답을 내놓도록 시간을 벌어가면서 대화하는 것이 좋습니다. 마땅한 대답이 생각나지 않을 때는 공감이나 관심만 표현하며 아이가 더 많이 말하게 하는 것도 기술입니다.

10대 중반쯤 되면, 아이들도 어떻게 해야 할지 이성적으로는 알고 있습니다. 다만 감정석으로 비틀리거나 화가 나서 결론을 거부하는 것뿐입니다. 그 감정을 받아주고 위로해주면 문제를 바로 볼 수 있는 힘이 아이 안에서 제 기능을 합니다.

대화의 형식을 아이가 자신이 결정해가는 방향으로 만들어주는 것이 필요합니다. 도저히 말이 안 되는 결론을 이야기하면 즉시 동의하거나 거부 하지 말고, "그것도 좋은 생각이긴 한데, 이 문제는 워낙 중요한 문제니까 오늘은 피곤하니 푹 자고 내일 다시 생각해보자" 등의 말로 유예 시간을 가지고 담임선생님이나 주변 사람의 조언을 받아서 결정하는 과정을 거치면 좋습니다. 중요한 것은 아이의 의견을 즉석에서 거부하지 않고 생각할 시간을 가지면서 아이도 더 깊이 생각할 수 있도록 돕는 것입니다.

중학생 아이들은 똑같은 일을 하면서도 다른 사람이 시켜서 하는 일에 대해서는 거부 반응을 보이는 특징이 있습니다. 엄마가 시켜서 사과하는 것이 아니라, 엄마의 도움을 받더라도 어디까지나 자신의 자유 의지로 결정하고 싶어 합니다. 때문에 엄마의 입으로 결론을 말하는 방식이 아니라, 어디까지나 본인이 스스로 결론을 말할 수 있도록 대화를 진행하는 기술이 필요합니다. 이때 가장 필요한 것은 부모의 끈기와 인내심입니다.

아이가 욕을 할 때는?

중학생들은 말이 거칩니다. 부드럽게 말할 수 있는 부분도 반항적인 뉘앙스로 말합니다. 불만으로 똘똘 뭉쳐 있는 듯 보입니다.

"알았다고요!"
"어쩌라고요!"
"싫다고요!"

그리고 욕을 많이 합니다. 어른들이 상상하기 어려울 정도로 심한 욕을 아무렇지도 않게 합니다. 친구들끼리 이야기하는 것을 옆에서 들어보면 싸우는 애들인가 싶을 정도로 서로 욕지거리를 주고받는데, 또 얼굴은 웃고 있습니다.

10대 청소년들이 '비속어를 사용하는 것에 대해 어떻게 생각하는지'를 살펴보는 최근 조사에서 '비속어를 사용하지 않는다'고 대답한 비율이 36.1퍼센트, '비속어를 사용한다'는 응답이 63.9퍼센트로 나왔습니다. '적절한 상황에는 사용해도 괜찮다'고 응답한 아이들은 317명으로 전체 응답자의 27.7퍼센트를 차지했고, '나쁜 것은 알지만 습관처럼 사용한다'는 응답이 24.9퍼센트입니다. '비속어 사용은 개인의 자유라고 생각한다'고 답한 비율은 9.4퍼센트, 기타 응답이 1.7퍼센트였습니다.[17]

현재 학생들의 욕설은 학교폭력으로 처벌받을 수 있습니다. 교육부는 16개 시도교육감이 초·중·고등학교(초4~고3) 학생들을 대상으로 실시한 '2022년 1차 학교폭력 실태조사(전수조사)' 발표했습니다. 피해유형별 응답 비중은 언어폭력(41.8퍼센트), 신체폭력(14.6퍼센트), 집단따돌림(13.3퍼센트) 순으로 나왔으며, 모든 급별에서 언어폭력 비중이 높게 나왔습니다.[18]

욕은 '욕설'의 준말로, 사전적인 의미는 '남의 인격을 무시하고 꾸짖는 말, 남의 명예를 더럽히며 헐뜯고 저주하는 말'입니다.

보통 사람들이 욕을 하는 이유는 상대방의 잘못을 질책하거나 불만을 표현하기 위해서입니다. 나쁜 상황에 대한 좌절감과 무력감을 표현할 때도 욕을 합니다.

그런데, 청소년들은 상대방에 대한 불만을 표현할 때보다는 그저 감정을 강렬하게 표현하는 방법으로 욕을 사용하는 경우가 많습니다. 자신의 힘으로 어쩔 수 없는 무기력한 상황에 대한 불만이나 억울함, 분노 등의 스트레스를 욕으로 해소하고, 그러다 보니 욕이 습관화된 것입니다.

이것은 무슨 뜻일까요? 욕이 습관화될 정도로 일상생활 속에서 스트레스를 많이 받고 있다는 의미입니다.

우리나라 교육 과정은 입시를 향한 무한 경쟁입니다. 초등학교에 들어가고부터는 오로지 공부만 해야 합니다. 성적과 시험 등수로 모든 것이 평가됩니다.

사회의 고용 불안과 소득에 따른 양극화 현상은 부모를 불안하게 하고, 부모는 불안한 마음에 아이들에게 더욱 공부를 강요합니다. 성적에 대한 압박과 통제에 따른 집단적인 스트레스가 청소년들에게 욕으로 나타나고 있는 것입니다.

가끔은 교사 앞에서나 부모님 앞에서도 욕이 툭툭 튀어나옵니다. 화가 나거나 기분이 안 좋으면, 습관적으로 "에이 씨" 하고 중얼거립니다.

이때, "너 어디서 욕을 하고 그래?" 하고 나무라면 "선생님에게 안 그랬어요" "엄마에게 욕한 것은 아니에요"라고 대답합니다. 아이는 사실을 말하는 것입니다. 욕이 습관화된 나머지 자신도 모르게 부모님이나 교사 앞에서까지 튀어나오는 것이지,

고의적으로 교사나 부모님을 대상으로 욕하는 것은 아니기 때문입니다.

부모님 앞에서 욕을 하는 경우, 아이의 놀라는 눈빛을 보았을 때 일단 한 박자 참으십시오. 본인도 당황하고 있는 순간에 곧바로 혼내는 것보다는 한 박자 쉬고 아이의 당황과 분노가 가라앉은 다음에 이야기를 이어가는 것이 효과적입니다. 화가 나더라도 가급적 차분하게 욕을 하게 된 이유도 물어보고, 감정을 풀어주는 것이 좋습니다. 욕을 하지 않도록 타이르는 것은 그다음입니다.

욕을 하지 않아야 한다는 훈계보다는 "네가 심하게 욕하는 걸 보고 많이 놀랐어. 무슨 일이 있었어? 왜 욕을 하는 거냐?" 또는 "화가 많이 났구나. 누구에게 욕을 하는 거야?"라고 욕하는 이유를 물어보는 것이 필요합니다. 그리고 나서, "화가 나는 건 이해하지만 그래도 욕을 하기보다는 적당한 해결방법을 찾아보자"고 하거나 "많이 힘들면 우리가 좀 도와줄까?" 하는 정도로 위로해주는 것이 좋습니다.

아이가 욕하는 습관은 따끔하게 혼을 낸다고 해서 쉽게 고쳐지지 않기 때문에 지속적인 관찰과 대화가 필요합니다. 평소에 존댓말과 낮춤말을 병행해서 사용하여 정중하고도 친근감 있는 언어생활로 일상에서 아이의 자존감을 높여주는 것이 필요합니다. 아이가 거칠게 말하는 때일수록 부모는 존댓말로 정중하게 말하는 것이 좋습니다. 아이가 가급적 욕을 하지 않겠다는 약속을 하면 서면으로 기록하여 사인을 하게 한 후 보관하고, 일주일 정도로 욕을 사용하는 빈도를 확인하고 욕을 줄이면 적극적으로 칭찬해줍니다. 언어생활 개선은 부모와 아이가 함께 지속적으로 노력해야 성공할 수 있습니다.

그러나 가장 중요한 것은 욕이 습관이 될 정도로 아이가 힘들어 하고 분노하는 이유가 무엇인지 원인을 찾는 것입니다. 아이에게 생각할 시간을 주고, 이야기를 들으며 공감해주고 격려하는 것이 필요합니다. 욕을 하지 않고도 자신의 감정을 정확하게 표현할 수 있도록 도와주고, 운동이나 문화 활동 등 스트레스를 해소할 수 있는 적절한 방법을 찾아서 지원해주는 것이 좋습니다. 때로는 보호자가 사회생활에서 화가 났던 상황을 말하면서 아이가 공감해줄 기회를 갖고, 화를 조절하기 위해서 사용했던 방법들을 이야기해주는 것도 좋습니다.

"오늘 회사에서 화나는 일이 있었어. 참기 힘들었는데 심호흡을 해서 일단 참았지. 이렇게 주먹을 쥐고 숨을 들이마시면서 하나, 둘, 셋을 세고 천천히 내쉬기를 두세 번 하면서 말이야. 그리고 잠깐 사무실 밖으로 나와서 공원을 산책했더니 기분 전환이 되더라. 나뭇잎들이 이제 완전히 녹색이 됐어. 회사 근처에 공원이 있어서 덕 좀 봤지."

"엄마는 기분이 울적해서 약수터에 좀 갔다 와야겠다. 날씨가
안 좋으면 더 우울해지는 것 같아."

이렇게 본인의 경험을 털어놓으면서 대화를 시도해보세요.
일상생활에서 쌓인 스트레스를 푸는 방법을 알려주는 좋은 방
법이 될 것입니다.

아이를 살리는 말,
아이를 죽이는 말

절대 해서는 안 되는 치명적인 말

너는 나처럼 살지 마라

"엄마 아빠가 이렇게 고생하는 것도 너를 위한 거야."

"먹고사는 게 그렇게 쉬운 일인 줄 알아? 하루하루가 전쟁이야!" "우리는 이미 늦었지만 너만 믿는다. 너만 잘된다면 엄마 아빠는 뭐든지 할 수 있어."

"너는 우리처럼 살지 마라. 공부 열심히 하고 돈 많이 벌어서 우리보다 나은 인생 살아야지."

부모는 종종 '삶의 괴로움'을 아이에게 강조합니다. 부모 자신이 겪는 괴로움일 때도 있고, 아이가 앞으로 겪게 될 괴로움일 때도 있습니다. 아이가 세상살이를 만만히 보지 않고 자기 계발을 게을리 하지 않기를 바라기 때문입니다.

하지만 반복해 삶의 괴로움을 설파하는 이야기를 들을 때마다 아이의 마음 한구석에는 차곡차곡 한 가지 생각이 쌓여갑니다. 그러다가 마침내 아이는 아래와 같은 결론에 도달하게 됩니다.

"삶이 그렇게 괴로운 거라면 왜 태어났을까?"
"나만 없으면 엄마 아빠가 좀 더 편하게 살았을 텐데."
"별로 살고 싶지 않다."

무리하게 부모의 희생을 강조하며 아이를 공부로 내몰고 가는 것은 아이에게 삶에 대한 죄의식을 갖게 만들 뿐입니다.

부모에게는 어떻게 살아야 할지를 아이들에게 말해주고 보여줄 책임이 있습니다. 부모가 가르쳐야 할 것은 삶의 괴로움이나 두려움이 아니라 삶에 대한 애정과 주변 사람들에 대한 믿음이어야 할 것입니다.

실제로 현재 상황이 어렵다 할지라도, 어려움만을 강조하기보다는 나쁜 상황을 개선하기 위해서 어떻게 노력하고 있는

지를 보여주는 것이 바람직합니다. 반드시 긍정적인 이야기만 해야 한다는 뜻이 아닙니다. 노력은 하고 있지만 잘 해결되지 않는 부분이 무엇인지 솔직하게 이야기를 나누는 것도 필요합니다. 다만 아이를 협박하듯이 어려움과 괴로움만을 부풀려 강조하는 방식이 잘못되었다는 것입니다.

어떤 아버지는 중학교에 막 입학한 아들을 자기가 일하는 공장에 데려 갔다고 합니다. 공장 구석구석을 둘러보는 것은 물론 노동조합 사무실에도 데려가 인사를 시키고, 공장의 일과 일하는 사람들에 대해 설명해주었습니다. 함께 일하는 사람들과 자신의 일터에 대해 의욕적으로 설명하는 아버지를 보고 아이는 삶에 대한 희망과 앞으로의 미래에 대한 자부심을 얻습니다. 공장 견학을 하던 중, 아이는 이렇게 말했다고 합니다.

"아빠네 회사에서 일하시는 분들 정말 대단하신 것 같아요."
"왜?"
"일도 열심히 하고, 서로 돕고 살잖아요."
"그래, 너도 이다음에 어른이 되거든 어려운 일을 혼자 해결하려고 하지 말고, 아빠처럼 이렇게 함께 일하는 사람들과 의논하고 협력하면서 살았으면 좋겠구나."
"네, 아빠!"

부모에게 이렇게 대답할 수 있는 아이는 행복한 아이입니다.

아이들의 삶에 영향을 주는 것은 부모의 직업이나 출신 학교가 아닙니다. 명문대를 나온 부모, 사회적으로 인정받는 직업을 가진 부모라 할지라도 부모 스스로 삶에 대한 자부심이나 행복감이 없이 아이에게 부정적인 말만 던진다면 아이는 앞으로의 삶에 대해 긍정적인 마음을 가질 수 없습니다.

그러나 어떤 상황에 처해 있든 어려움에 대처하려는 의연한 자세, 자신이 하고 있는 일에 최선을 다하는 마음가짐, 그리고 삶에 대한 희망을 가진 부모 슬하에서 자라는 아이는 삶에 대한 긍정적인 태도를 이어 받게 마련입니다. 보통 학교에서 아이들에게 "부모님께서 무슨 일을 하시니?"라고 물으면 "그냥 회사 다녀요"라는 대답이 가장 많이 돌아옵니다.

부모님을 그저 '회사에 다니며 돈을 버는 사람'으로 인식하는 것보다는 어떤 회사에서 무슨 일을 하고, 어떻게 동료들과 관계를 맺는지를 구체적으로 아는 것이 자녀들에게 더 유익합니다. 나와 함께 있지 않을 때의 부모에 대해서 상상을 할 수 있기 때문입니다. 사람은 상대방의 생활을 모를 때보다 그의 생활을 알고 상상할 수 있을 때 더 큰 애정을 느낄 수 있습니다.

너만 태어나지 않았으면

다영이는 언뜻 보기에는 항상 표정이 밝고, 특히 눈웃음이 예쁜 아이였습니다.

그러나 반 친구가 지나가다 책상이라도 스칠 경우에는 그야말로 있는 대로 욕을 하며 화를 냈습니다. 수업 시간에도 거울을 보면서 화장을 하거나 껌을 씹고, 낙서를 하며 놀다가 교사에게 들키면 "재수 없이 왜 나만 갖고 그러냐"고 하면서 오히려 소리 높여 반항하곤 했습니다. 작은 일로도 불같이 화를 내며 욕을 하는 다영이. 자연스레 아이들은 다영이를 피하기 시작했고, 저는 다영이와 일 대 일 면담을 가졌습니다.

"선생님, 저는 행복한 순간이 싫어요. 어색해요. 행복은 나와 안 어울려요. 쓸쓸하게 사는 게 나아요."

"왜 그렇게 생각하니?"

"행복한 마음이 들면 불안해서 싫어요. 언젠가는 또 버림받고 쓸쓸해질 게 뻔하니까요. 행복한 감정은 낯설고 어색해요. 흔들어버리고 원래 자리로 가는 것이 편해요. 친구들이랑 잘 지낼 때도 있는데요. 나중에는 그 상황을 흔들어서 엉망으로 망쳐요. 즐겁게 웃다가도 결국에는 훼방을 놓으니까 끝이 안 좋아요. 즐겁고 행복할 때는 그 상황을 막 흔들어버리고 싶어요. 그런 시간은 어차피 오래갈 것도 아니잖아요."

다영이의 엄마는 열아홉 살에 다영이를 낳고 서둘러 결혼하였으며, 지금은 세 아이를 키우고 있는 전업주부입니다. 결혼을 일찍 한 것을 후회하는 엄마는 다영이가 어렸을 때부터 "너만 일찍 태어나지 않았으면 내 인생이 달라졌을 것이고, 아빠하고 결혼도 하지 않았을 것"이라는 이야기를 자주 했다고 합니다.

엄마가 비관적인 이야기만 한 것은 아니겠지만, 중요한 것은 다영이의 뇌리에 엄마의 그 말이 깊이 박혀버렸다는 것입니다. 어릴 때부터 자신의 존재를 부정하는 엄마의 말에 상처를 받으며 자랐던 겁니다.

부모에게 충분히 사랑받는다고 느끼지 못하고 자란 아이들은 자신에 대한 믿음이 부족한 경우가 많습니다. 그래서 사람들과의 관계 맺기에 자주 실패하고 심리적으로 불안해하는 경향을 보입니다.

미국의 정신병리학 박사인 마사 하이네만 피퍼는 이러한 심리적 상황을 '내적 불행'이라는 개념으로 제시한 바 있습니다.[19] 일상적으로 불행한 감정을 느끼면서 자라 자존감이 제대로 형성되지 못한 사람들은 행복하고 즐거운 감정을 느끼는 데 익숙하지 않다는 것입니다. 나아가 행복하고 즐겁기보다는 차라리 불행해지고 싶은 심리를 가지는 사람도 많다고 합니다. 따라서 내적 불행을 가진 아이는 일부러 야단을 맞는 상황을 만들고, 그 속에서 나름대로 평안함을 느낀다는 것입니다.

> "선생님, 저 그렇게 나쁜 애는 아니에요. 그런데 저만 나타나면 상황이 꼬여요. 저를 믿을 수가 없어요. 억지로 행복해지고 싶지도 않고 그냥 이대로 사는 것이 더 편해요."
> "칭찬요? 누가 칭찬해주면 쑥스럽고 어쩔 줄 모르겠어요. 칭찬을 받고 나서 괜히 더 난리를 치다가 혼난 적도 있어요. 불편해요. 마음이 즐거울 때는 뭘 어떻게 해야 할지 모르겠어요."

다영이의 경우는 자신이 어느 지점에서 상처를 받고 있는지 정확히 알고 있습니다. 이럴 때는 원인을 제공한 엄마가 진심으로 사과하고 애정을 표현하면 빠른 속도로 치유됩니다.

그러나 다영이와 같은 심리 상태를 가지고 있으면서도 자기가 왜 상처를 받았는지 잘 모르거나, 심지어는 자기가 상처를 입었음을 자각하지 못하는 사람들도 많습니다. 잘 모르기 때문에 그저 "내 성격이 나쁘다" "내가 문제다"라고만 생각하며 점점 불행해집니다. 어른이 된 뒤에도, 혹은 평생을 이런 상태로 보내는 사람들도 적지 않습니다.

나 자신도 아이도 부정하지 마라

앞에서 말한 두 가지 말에는 공통점이 있습니다. 하나(너는 나처럼 살지 마라)는 부모 자신을 '부정'하는 말이라는 것이고, 하나(너만 태어나지 않았으면)는 아이를 '부정'하는 말이라는 것입니다. 적어도 중학생 때까지, 아이들에게 부모는 절대적인 존재입니다. 부모 입장에서는 사소한 넋두리라 해도 아이들에게는 심각한 의미로 각인될 수 있다는 것을 늘 기억해야 합니다.

이외에도 부모가 아이에게 해서는 안 되는 말은 다음과 같습니다.

"넌 대체 누구를 닮아서 그러니?"

"앞으로 뭐가 되려고 그러니?"

"네가 뭘 안다고 그래, 건방진 것 같으니!"

"엄마가 충분히 알아봤어. 엄마 말 들어."

"넌 원래 그런 애야. 너에게 기대를 한 내가 잘못이지."

"너한테 실망이다. 네가 그럴 줄은 몰랐다."

"쓸데없는 짓 하지 말고 그럴 시간에 공부나 해!"

"시끄러워! 말대꾸 좀 하지 마."

"너도 이다음에 꼭 너 같은 애 한번 낳아보면 내 속 알 거야."

"그것도 못하냐? 어떻게 된 애가 뭐 하나 제대로 하는 게 없어요!"

대부분의 말들이 한 인간으로서의 인격이나 자존심, 의견 등을 부정하고 무시하는 말입니다. 이런 말을 반복해서 듣다 보면 누구나 자신감과 자존감을 잃게 마련입니다.

간혹 아이가 용기를 내어 부모에게 "엄마 아빠의 말 때문에 상처받았다"라고 고백하면, 한술 더 떠서 "뭐 그런 말에 상처를 받느냐?"라고 면박을 주는 통에 또다시 상처를 받는 아이들도 있습니다.

이런 태도는 교육적인 측면에서도 좋지 않습니다. 부모가 아이를 대할 때는 일관성 있는 태도가 필요하며, 상대방의 입장에서 생각하는 모습을 보여줄 필요가 있습니다.

아이는 별 생각 없이 한 말인데도 부모가 화를 내서 사과하게 되는 경우가 많습니다. 그런데 부모가 자신의 말실수에는 "뭐 그런 것으로……" 같은 말로 상황을 무마하며 '상처 받은 네가 별나다'라는 뉘앙스를 전달하면, 아이는 부모의 태도에 일관성이 없다고 생각합니다. 자신이 유리한 대로 입장을 바꾼다는 느낌을 받는 것입니다.

하면 할수록 아이가 행복해지는 말

아이들이 원하는 세 가지 : 믿음, 인정, 사랑

"제가 중학생 때 선생님께서 하셨던 말씀이 지금도 기억나요."
"20년이 넘었는데, 그걸 기억하고 있어?"
"그럼요. 살면서 힘들 때마다 참 힘이 됐어요."
"어떤 말이었는데?"
"그때는 우리 집도 어렵고 저도 너무 힘들었거든요. 그런데 선
생님께서 '우리 은자는 마음이 밝고 끈기가 있어. 지금 상황이
어렵지만 잘 견디고 멋진 사람이 될 것이라고 믿는다. 힘내라!'
그렇게 말씀하셨어요."

참 오랜만에 어른이 된 제자를 만나서 나누었던 대화입니
다. 제자가 저의 말을 마음속에 오랫동안 간직하며 힘을 얻었
다는 이야기에 제가 힘을 받았습니다.

사람은 말을 통해서 관계를 맺고 서로를 기억합니다. 누구
나 자신을 믿어주고 인정해줄 때 마음의 안정감을 갖고 새롭
게 힘을 얻습니다.

부모는 자식을 사랑하기 때문에 자식에게 힘이 되어주고 싶
어 합니다. 그러나 마음은 마음일 뿐, 마음을 전달하는 매체는

'말'입니다. 아이에 대한 사랑과 믿음을 구체적인 말로 표현하고 전달하는 것이 중요합니다. 중학생들은 자기가 한 말은 곧 잘 잊어버리지만, 부모님이나 주변 어른들이 자신에게 한 말들은 오랫동안 기억한다고 앞에서도 말했습니다.

부모님에게 들은 말 중에서 가장 힘이 되는 말이 무엇인지 중학생 100명에게 물어보았습니다. 가장 많이 나온 대답은 '믿는다는 말'이었습니다. 그다음으로 많이 나온 대답은 '노력을 인정하는 말'이었습니다. 특히 부모에게 노력을 인정받고 신뢰를 확인받으면 아이들은 더욱 열심히 노력하고 싶고 잘하고 싶다는 의욕이 생긴다고 합니다. 학생들의 답변을 중심으로 구체적인 말의 내용에 대해 살펴보겠습니다.

"널 믿는다. 파이팅!"
"너는 할 수 있을 거야. 널 믿는다."
"너를 믿는다. 쉽지는 않겠지만 노력해봐."
"너를 이해해, 그리고 너를 믿는다."
"언제나 네 곁에는 너를 믿는 엄마가 있다는 것을 기억하렴."
"결과가 안 좋아 실망했겠지만, 네가 노력했다는 것을 알아."
"아빠는 네가 노력하고 있다는 것을 믿어."
"네가 노력하고 있다는 것이 중요하지."
"기회는 언제든지 있어. 다음에 또 잘하면 돼."

부모에게 인정받는 과정을 여러 번 거쳐 자존감이 높아진 아이들은 다른 사람에게도 너그럽게 대하는 마음의 여유를 갖게 됩니다. 친구들이 자신에게 조금 소홀하게 대해도 지나치게 서운해하거나 집착하기보다는 '그럴 수 있다'고 이해하며 너그럽게 대하기 때문에 원만한 인간관계를 유지할 수 있습니다. 부모님의 말을 통해서 많은 힘과 격려를 받는 것입니다. 청소년 시기에 부모가 표현하는 '믿음의 메시지'는 아이들을 성장시키는 힘이 됩니다.

다만 상황이나 아이의 행동을 전혀 파악하지 못한 채 그저 '믿는다'는 말만 하는 것은 오히려 아이의 단점을 악화시킬 수 있습니다. 부모는 아이에게 애정 표현을 하기 전에 먼저 아이에 대해 파악해야 합니다. 그리고 아이의 장단점을 파악하는 기준은 부모 개인의 취향이나 가치관에 근거한 것이 아니라, 사회의 보편적인 가치관에 기준을 두어야 합니다.

예를 들어 아이가 빈번하게 다른 사람에게 피해를 주는 행동을 한다면, 무조건 '너의 행동을 믿는다'고만 말해서는 안 됩니다. 신뢰를 표현할 때는 '가장 믿을 만한 사람은 다른 사람을 나 자신처럼 존중하는 사람'이라는 기준을 명확히 세우고, 그 범주 안에서 아이만의 가치관이나 취향을 허용해주는 방식이 되어야 합니다.

또 아이가 이루어낸 결과보다는 과정에 중심을 두어야 합니다. 고민하고 노력하는 모습을 인정하는 부모의 말은 아이를 보다 지혜롭고 너그러운 사람으로 자라게 해줍니다.

믿는다는 말과 노력을 인정하는 말 다음으로 아이들이 듣기를 원하는 말은 역시 '사랑한다는 말'입니다.

"언제나 사랑한다."
"아빠는 네 편이야. 사랑해!"
"사랑해!"

이러한 '사랑의 메시지'는 아무리 들어도 질리지 않는다고 합니다. 그리고 돌려서 말하는 것보다 구체적이고 직접적인 언어로 말해줄 때 더 기분이 좋다고 합니다. 부모가 전적으로 자신의 편이라는 것, 또 무조건적으로 나를 사랑한다는 것을 느낄 수 있기 때문입니다.

또 부모님이 "필요한 것이 있으면 언제든지 말하라"고 할 때 지금 당장 필요한 것이 없어도 왠지 마음이 넉넉하고 기분이 좋아진다는 대답, 짧게라도 격려의 편지를 받았을 때 힘을 얻는다는 대답도 있었습니다.

하면 할수록 좋은 '칭찬'

말의 내용을 떠나서 모든 아이들이 부모님으로부터 가장 원하는 것은 '칭찬'입니다.

아이들은 부모에게 칭찬을 받으면 굉장히 기분이 좋고 생활이 즐거워진다고 합니다. 공부든 무엇이든 더 열심히 하고 싶고 잘하고 싶은 마음이 생긴다고 합니다.

그러나 부모들은 "칭찬하고 싶어도 칭찬할 일이 없다"며 한숨을 쉽니다. 정말로 아이에게 칭찬할 점이 없어서 칭찬을 못하고 있는 것일까요? 아이를 칭찬할 내용을 '뛰어나게 잘하는 일'이나 '눈에 띄는 성과'에 한정해서 찾고 있기 때문이 아닐까요?

뭔가 대단한 일에만 칭찬하려고 생각하면 칭찬에 인색해집니다. 오히려 칭찬할 점을 찾을 수 없는 아이일수록 칭찬과 격려가 필요한 경우가 많은데 말이에요.

칭찬은 일상생활에서 이루어질 때 아이의 생활에 활력을 줄수 있습니다. 그러나 "똑똑하다" "잘한다" "훌륭하다" "최고다" 같은 추상적이고 과도한 기대감을 담고 있는 칭찬은 아이에게 오히려 부담감을 줄 수 있습니다. 따라서 이런 칭찬을 남발하는 것은 삼가고, 아이의 생활습관이나 특기에 대한 내용을 구체적이고 일상적으로 자주 칭찬하는 편이 바람직합니다.

"너는 말씨가 참 친절해."

"너는 손재주가 있어. 예쁘게 만들었네."

"책상 정리를 아주 깔끔하게 했구나."

"네가 청소를 도와주니 한결 편하네. 고맙다."

"너는 음식을 참 맛있게 먹어서 엄마가 요리한 보람이 있어."

"그 노래 무슨 노래니? 참 좋다. 너 노래 잘하는구나."

"색깔 잘 골랐네. 역시 안목이 있다니까!"

"무거울 텐데 거뜬하게 드는 것 좀 봐. 힘이 세네."

"많이 컸구나. 너랑 함께 걸으니 아주 든든하다!"

"네가 도와주니 일이 금방 끝났어. 고맙다."

"라면 맛있게 끓였구나. 김치를 넣어서 더 맛있는 것 같아."

"동물을 잘 돌봐주는구나. 역시 정이 많아."

"너는 참 배려심이 뛰어나."

"마음먹으니, 청소도 깨끗하게 하는구나."

"네가 산책하고 들어오니 집안에 활기가 느껴져."

"네 표정이 밝으니 엄마 기분도 좋아진다."

"네가 그렇게 웃으니, 집안이 다 환해지는구나."

이런 유형의 칭찬은 대단히 뭔가를 잘해서라기보다는 일상 생활에서 볼 수 있는 작은 노력, 혹은 행동을 격려하는 말이라고 할 수 있습니다. 일상적으로 이런 칭찬을 들으며 생활하는 아이는 매사에 의욕을 가지게 됩니다. 부모가 마음만 먹으면 사소한 말 몇 마디로 아이의 삶 전반이 즐거워질 수 있습니다.

칭찬할 '꺼리'가 전혀 눈에 띄지 않는다면, 아이가 흥미를 느낄 만한 일, 잘할 만한 일에 대한 도움을 먼저 요청하고 그것을 완료하면 칭찬을 해주는 것도 좋은 방법입니다. 칭찬할 점을 찾지만 말고 직접 만드는 것입니다. 청소나 요리를 도와달라고 하거나 같이 장을 보는 등, 아이와의 친밀도도 높이고 칭찬도 해줄 수 있는 일을 찾아보면 여러 가지가 있습니다. 부탁한 일을 마치면 아낌없이 칭찬을 해주십시오. 자신의 작은 장점을 자주 칭찬 받으며 자란 아이는 다른 사람의 장점을 쉽게 발견하고 칭찬할 줄 아는 사람으로 성장할 것입니다.

아이의 존재감을 높여주는 말

가족들과의 관계에서 "고마워"라는 말은 일상적으로 사용할 수 있는 참 좋은 말입니다. 그리고 "고마워"라는 말을 꼭 뭔가 잘해주었을 때하는 보상의 말이 아니라, 존재 그 자체를 고마워하는 말로 사용하면 좋겠습니다.

주말에 함께 차를 마시다가, 거실에서 함께 창밖을 보다가, 아이를 깊게 들여다보며 말해주면 좋겠습니다.

"우리 ○○○ 고마워!"

"왜요?"

"엄마에게서 태어나 이렇게 곁에 있어줘서."

이런 이야기를 자주하게 되면 아마도 이런 반응이 나오기도 할 겁니다.

"우리 ○○○ 고마워!"

"저도 엄마가 고마워요."

"왜?"

"이 엄마가 내 엄마라서 고마워요."

아이가 어느새 훌쩍 자라서 중학생이 되었습니다. 가끔 아이가 아기였을 때, 아이가 5-6살이었을 때 사진을 꺼내서 아이랑 함께 보면서 어렸을 때의 이야기도 해주면 좋겠습니다.

"엄마. 나 사랑해요?"

"그럼 사랑하지."

"얼마나?"

"아주 많이, 하늘만큼 땅만큼."

"내가 엄마 말 잘 들으면 사랑해요?"

"엄청 사랑하지."

"내가 엄마 말 안 들으면?"

"그래도 사랑하지. 엄마는 우리 딸이 말 잘 들어도 사랑하고, 말 안 들어도 사랑해."

"그런데, 그러면 지난번에는 왜 화내고 소리 질렀어요?"

"미안해, 엄마가 친절하게 말했어야 하는데! 그때 마음이 급해 가지고 소리를 질렀어. 다음부터는 친절하게 말하도록 더 노력할게요. 언제나 우리 딸을 사랑해."

날마다 사랑스럽고 귀여운 아이의 눈을 바라보는 것이 행복했습니다. 아침 햇살을 받으며 아이와 함께 산책을 하면 세상에 부러운 것이 없었습니다. 아이와 함께 웃고 울고, 걱정도 하고 화도 내고, 욕심을 부리기도 하고 욕심을 버리기도 하고, 때로는 스스로의 인내심에 놀라기도 하면서 10여 년을 살아왔습니다. 우리 부모들이 그렇습니다.

"태어나줘서 고맙다."

"너의 부모가 될 수 있어서 다행이다."

이런 말도 많이 하셨을 겁니다. 지금도 가끔 해주시면 좋겠습니다. 이제부터 아이는 더 많은 것을 요구하고, 뜻하지 않게 말썽을 부리기도 할 겁니다. 하지만 그런 어려움은 아이가 더 많이 성장하기 위한 굴곡입니다. 어린 시절의 밝고 명랑한 생명력을 내면에 간직하면서 살아갈 수 있는 능력을 가질 수 있도록 도와주어야 합니다.

중학생이 되면서부터는 아이는 여러 방면에서 평가를 받게 됩니다. 객관적인 지표들을 보면서 자신감을 잃기도 하고, 부모가 자신보다 더 잘생기고 능력 있는 사람을 좋아할 수도 있다는 생각에 불안을 느끼기도 합니다. 자신을 이전보다 객관적인 관점으로 보기 시작하는 것입니다. 그러나 객관적으로 자신의 능력을 평가하는 것과 자신의 존재에 대한 자부심을 가지는 것은 별개입니다. 자존감과 우월감은 다른 수준에 있는 감정입니다. 자존감은 생에 대한 긍정적인 에너지입니다. 자존감을 높이는 것은 삶을 사랑하고, 열정적으로 지속적인 노력을 할 수 있는 정서적 기반을 마련하는 일입니다.

"우리 반에는 예쁜 애들이 너무 많은 것 같아요. 공부 잘하는 애들도 많구요."

"엄마는 엄마랑 닮은 내 딸이 제일 좋아. 언제나 우리 딸을 사랑해."

"저도 엄마 사랑해요."

"돈이 많지도 않고 똑똑하지도 않은데 우리 딸이 사랑해주니 엄마는 고맙네."

"엄마. 나도 엄마가 내 엄마라서 다행이에요. 엄마 고마워요."

"엄마 머리가 좋았으면 너도 엄마 닮아서 공부하기 편할 텐데, 엄마가 보통이라서 우리 딸이 힘들겠네. 미안해. 그런데 엄마의 장점은 끈기 있는 것이니까, 우리 딸이 그런 점을 닮았으면 좋겠어."

"맞아요. 나도 엄마 닮아서 끈기 있어요."

"고마워!"

우리나라의 많은 부모들은 아이를 칭찬하고 애정을 표현하는 대화를 '부끄럽다' '오글거린다'며 회피하는 경향이 강합니다. 하지만 어려워만 하지 말고 노력해야 합니다. 부모가 애정 표현을 부끄러워하는 것을 보고 자란 아이는 역시 애정 표현을 부끄러워하는 사람이 됩니다. 말로 하기가 어렵다면 처음에는 메모나 편지로 시작해도 좋습니다. 그리고 차츰차츰 일상 속에서 표현을 늘려가는 것도 좋은 방법입니다.

자신이 느낀 바를 예의바르고 솔직하게 이야기하고, 다른 사람들에게 밝게 사랑을 표현하는 사람. 아이가 그런 사람으로 자라기를 바랍니다.

부모에게 배우는 '사과'

사과하는 어른이 되자

부모도 아이와 똑같은 사람입니다. 사람이기에 불완전하고, 고의로든 실수로든 아이에게 상처를 주는 말을 할 수 있습니다.

하지만 말로 입은 상처는 말로 치료할 수 있습니다. 다만 정식으로 사과하고 아이를 사랑한다는 진심을 전할 때에만 가능합니다. 부모의 사과는 아이의 상처를 치유하는 첫 번째 과정입니다.

중학생 정도가 되면 부모가 놀랄 정도로 예의 바르고 너그럽게 타인의 사과를 받아들입니다. 그러니 부모의 자존심을 걱정하기보다는 아이를 성장시키는 과정 중 하나라 생각하고, 잘못을 했을 때는 과감하게 먼저 사과합시다.

모처럼 한 외출이나 외식 자리에서 훈계를 하다가 아이가 말대꾸를 하거나 삐딱하게 나오면 과도한 꾸중으로 이어지는 경우가 있습니다. 뜻밖에 자주 저지르는 실수입니다. 별일 아니라 넘어가기 쉽지만 사소한 실수에도 사과를 하는 것이 더 좋은 관계를 만들어가는 지름길입니다.

과거, 아이에게 자주 폭력을 쓰거나 방치를 했다면 지금은 그러지 않더라도 반드시 사과하는 것이 좋습니다. 어른들에게는 '옛날 일'처럼 여겨질 수도 있을 것입니다. 그러나 이제 막 10대에 들어선 아이들에게 어린 시절은 그리 먼 과거가 아닙니다.

딸이 어렸을 적에 뭔가를 사달라고 길에서 떼를 쓴 적이 있었습니다. 저는 그때 바쁘고 마음이 급한 상황이었습니다. 아이가 말을 듣지 않자, 화가 나고 당황한 나머지 걸음을 멈추고 아이를 타이르려고 담벼락 쪽으로 밀었습니다. 그런데 아이 어깨가 담벼락에 부딪히는 바람에 아이가 놀라서 크게 울었던 적이 있습니다.

저는 그 일을 잊고 있었습니다. 그런데 아이가 중학생이 된 뒤 대화를 하다가 그 이야기가 나왔습니다. 아이는 억울한 감정과 함께 그 일을 기억하고 있었습니다. 제가 울음을 달래주기는 했지만 밀친 데 대한 사과를 하지는 않았다는 것입니다. 저는 진심으로 미안하다고 사과했습니다. 아이는 웃으며 사과를 받아들였습니다.

부모가 의도하지 않은 실수로 벌어진 사소한 일에 의한 상처도 아이들은 기억하고 있습니다. 그러니 부모가 고의적으로 휘두른 폭력 등을 얼마나 생생하게 기억하고 있을지 예상할 수 있는 일입니다.

이때 부모가 사과하는 태도도 중요합니다. 아이에게 하는 사과라고 해서 대충 넘어가지 않도록 해야 합니다. 무엇을 잘못했고 상대방이 어떤 상처를 받았는지 명확히 인식하고 구체적으로 사과해야 합니다. 공손한 자세로 진심으로 성찰하면서 잘못한 점을 구체적인 언어로 표현하는 사과의 원칙을 지켜야 합니다. 부모가 아이를 존중하고 진심으로 사과하는 태도를 통해서 아이는 다른 사람의 마음을 헤아리고 제대로 사과하는 방법을 배울 수 있기 때문입니다.

사과하는 것도 소중한 경험!

사과는 자신의 잘못을 인정하고, 다음부터는 같은 행동을 하지 않겠다는 것을 약속하는 일입니다. 상대방과 관계를 회복하는 법을 배우는 기본적인 생활교육이기도 합니다. 그러나 사과를 하는 과정에서 다시금 다투는 아이들도 있습니다.

"사람이 사과를 하면 받아줘야 할 거 아니에요."
"사과했으니까 이제 된 거 아니에요?"
"사과를 했는데도 계속 뭐라고 하잖아요."

아이들은 자신의 잘못을 뉘우치고 용서받기보다는 껄끄러운 관계를 빨리 되돌리고 싶은 마음을 앞세웁니다. 그렇기 때문에 형식적으로 서둘러 사과해놓고는, 상대방이 사과를 받아주지 않으면 오히려 상대방을 원망합니다. 이런 아이들은 자신의 잘못을 제대로 마주하는 태도, 그리고 마음을 전달하는 방법을 익힐 필요가 있습니다.

사과가 서투른 아이들은 어릴 때부터 집에서 사과를 하거나 받아본 적이 없는 경우가 많습니다.

준영이는 평소에는 말이 없는 아이입니다. 그런 준영이가 점심시간에 급식을 나눠주는 친구에게 욕을 했습니다.

배식을 도와주던 조리사 한 분이 욕을 듣고 "그러면 안 된다"고 가볍게 나무라자 준영이는 "아줌마에게 욕한 것도 아닌데 재수 없게 왜 상관하느냐?"며 대들고, 밥통을 발로 차고 식판을 던진 뒤 교실을 나가버렸습니다. 준영이는 오후 수업 두 시간 동안 자리를 비우고, 종례 시간이 되어서야 나타났습니다.

저는 종례를 마치고 준영이 손을 잡고 교무실로 왔습니다.

"준영아! 오늘 점심시간에 있었던 일 어떻게 생각해?"
"잘못했어요."
"그럼 같이 급식실에 가자."

저는 준영이의 손을 잡고 급식실로 걸어갔습니다. 준영이가 긴장하는 것이 느껴졌습니다.

"준영아. 사과할 때는 변명을 하지 않는 것이 기본이야. '죄송합니다. 아주머니에게 대들고 밥통을 발로 차고 식판을 던졌던 행동을 반성합니다. 진심으로 사과합니다.' 이렇게 말하고 아주머니께서 하는 이야기를 끝까지 들어야 해. 알겠지?"

"네."

급식실에는 조리사 아주머니가 기다리고 있었습니다. 담임 선생님으로서 제가 먼저 사과했습니다.

"아주머니 죄송합니다. 저희 반 학생이 잘못했습니다. 저도 담임으로서 학생 지도를 더 잘하겠습니다. 준영이가 아주머니께 사과하겠다고 이렇게 왔으니, 아이의 말을 한번 들어봐주세요."

준영이가 사과했습니다.

"죄송합니다. 아주머니께 대들고 밥통을 발로 차고 식판을 던졌던 것을 반성합니다. 많이 속상하셨을 거라고 생각합니다. 진심으로 사과합니다."

아이가 이렇게 사과했을 때는 사과를 받는 어른들의 반응이 무척 중요합니다. 용기를 내서 사과를 했는데 "이제야 네 잘못을 알았냐?"는 등 한층 꾸중을 하거나 "사과만 하면 다야?"라며 아이의 사과를 비꼬는 등 부정적인 반응이 돌아오면 아이는 '사과'라는 행동 자체에 대해 '안 하는 게 낫다'는 부정적인 인식이 생겨버립니다.

다행히 아주머니는 모범적인 어른으로서의 자세를 보여주었습니다.

"이렇게 사과하러 와줘서 고맙다. 나도 너에게 소리 지른 것 사과할게. 네가 친구에게 욕하는 것을 보니 어른으로서 타일러줘야겠다고 생각했어. 그런데 네가 식판을 던지고 밥통을 발로 차는 바람에 나도 화가 나고 속이 상해서 소리를 지르고 화를 냈어. 미안하다."

급식실을 나와 준영이와 잠시 걷다가, 아이가 안정감을 찾았을 때쯤 물어보았습니다.

"사과하니 기분이 어때?"
"후련해요. 하루종일 기분이 안 좋았는데 이제 기분이 원래대로 돌아왔어요."

이런 경험은 준영이를 잘못했을 때 대범하게 먼저 사과하는 사람으로 자라나게 하는 밑거름이 됩니다.

가끔 아이의 잘못이 명백함에도 불구하고 사과를 하지 못하게 하는 부모를 봅니다. "네가 뭘 잘못했다고 사과를 해?" "남 앞에서 머리 숙일 필요 없다" 하는 식으로 무작정 자기 아이 편만 듭니다. 이때 사실 사과를 하기 싫은 것은 아이가 아니라 부모 자신입니다. 아이를 자기 자신과 동일시해서 어떤 태도가 아이를 위한 것인가를 생각하기보다는 나 자신의 비뚤어진 자존심을 지키는 데 급급한 결과입니다.

이것은 잘못되었을 뿐 아니라 위험한 교육 방식입니다. 아이가 앞으로 해나가야 할 사회생활에 해를 끼치기 때문입니다. 자신의 잘못을 인정하지 않는 사람, 잘못을 뉘우치고 사과하지 않는 사람은 어디에서도 환영받지 못합니다.

자존심을 앞세워 자신을 굽히지 못하는 사람들은 대체로 그런 성격이 자신의 단점이라는 것을 잘 압니다. 그런데도 부모가 같은 태도를 자녀에게 대물림하는 것은 무책임한 행동이 아닐까요?

또, 남에게 사과하기를 꺼리는 부모도 아이가 내 앞에서만큼은 고분고분하기를 바라는 경우가 많습니다. 그러나 다른 사람에게 사과하지 못하는 아이는 가족에게도 사과하지 못합니다. 아이가 잘못해 놓고도 고집을 부려 화가 난다면 일단 자기 자신을 돌아보십시오. 아이가 '사과하지 않는 사람'이 된 데 부모인 나의 책임은 없는가 하고 말입니다.

내 아이, 왜 내 마음 같지 않을까?

'부모의 실망'에 대한 두려움이 소통을 막는다

왜 아이에게 상처 주는 말을 하느냐고 물으면 많은 부모가 아이 탓을 합니다. 아이가 곱게 말하면 말을 듣지 않으니 험한 말을 하게 된다고 합니다. 아이가 내 마음 같지 않아 못마땅한 마음을 풀 길이 없다고 하소연합니다. 아이가 '내 말을 듣고' '내 마음 같이 행동해야 한다'는 것을 당연시하고 있는 것입니다.

부모와 자녀는 각자 다른 사람이며 세대 문화도 다릅니다. 때문에 같은 상황에서도 다른 감정을 느끼게 마련입니다.

부모가 생각하기에는 사소한 문제인데도 자녀는 마음의 부담을 크게 느낄 수 있고, 부모가 생각하기에는 큰 문제인데도 자녀는 가볍게 생각할 수 있습니다.

심리학자들은 사람들이 일반적으로 자신이 보통 사람들보다는 더 능력 있는 존재라고 생각하는 경향이 있다고 합니다. 심리학자인 다니엘 길버트의 말을 살펴보겠습니다.

"과학은 지금까지 '평균적인 인간'에 대하여 많은 사실을 알려 주었는데, 그 가운데 가장 믿을 만한 것이 있다면 그것은 바로 사람들이 자신을 평균적인 인간으로 보지 않는다는 사실이다. 대부분의 학생들은 자신이 보통 학생보다 더 지적이라고 생각 한다. 대부분의 경영인들은 자신이 평균적인 경영인보다 훨씬 더 유능하다고 생각한다. (……중략……) 또한 사람들은 자신이 다른 사람보다 더 객관적으로 세상을 본다고 생각한다. 우리 대부분은 자신이 보통 사람보다 더 매력적이라고 생각하는 것 은 물론, 우리가 더 운동신경이 좋고 지적이며 조직적이고 윤 리적이며 논리적이고 재미있으며 공명정대하고 건강하다고 믿 는다."[20]

사람은 다른 사람과 똑같은 일을 겪고 있을지라도 자신이 느끼고 있는 감정과 정서는 특별하다고 생각합니다.

또한 사람은 괴로웠던 일, 슬펐던 일보다는 재미있던 일, 유 의미한 일을 중심으로 과거를 기억합니다. 그래서 어른들은 자신의 학창 시절에 대해서도 부정적인 면보다는 긍정적인 면 을 중심으로 생각하는 경향이 있습니다. 부모는 과거의 추억 속에서 청소년기를 떠올리기 때문에 청소년기의 주변 상황이 나 조건에 너그러운 시각을 가질 수 있습니다. 그러나 자녀들 에게 학교생활은 추억이 아니라 직접 부딪혀야 하는 현실입니다. 때문에 부모님이 생각하는 것보다 더 심각하고, 더 힘들 수 있습니다. '즐거운 학창 시절'이라는 막연한 추억만으로 아이의 학교생활을 파악한다면 자녀가 겪는 현실적 어려움을 이해하기 어렵고 문제해결을 위한 도움을 주기도 어렵습니다. 그러다 보니 아이의 고민이나 문제에 직면한 부모는 오히려 힘들어하는 자녀를 문책하는 말들을 하며 상처를 줄 수도 있습니다.

"일이 이렇게 될 때까지 왜 말을 안 했어?"
"어쩌면 그렇게 생각이 없나?"
"너에게 실망이다."

이런 말들은 자녀로 하여금 자신의 생활에서 부모를 배제시키는 방향으로 행동하게 만듭니다. 이런 말을 자주 듣는 경우에, 10대 청소년들은 자신이 경험한 일들 중에서 부모의 마음에 들지 않을 것이라고 생각되는 점들은 아예 처음부터 이야기를 하지도 않고, 중간에 잘못되는 경우에도 의논하지 않습니다. 그러다 보니 부모님과 의논하면 쉽게 해결할 수 있는 문제들도 말을 안 하고 마음고생을 하거나 일을 키웁니다. 일이 많이 꼬이고 어려운 상황에 놓이면 자신을 자책하거나 혼내는 부모를 원망하는 마음을 갖기도 합니다. 학생들과 상담하면서

"왜 부모님과 주변 어른들에게 일찍 의논하지 않았느냐고?"라고 물어보면, "말해봤자 어른들은 어차피 이해하지 못할 것이기 때문에 혼자 견뎌보려고 했다" "부모님을 실망시키고 싶지 않았다"라고 대답하는 학생들이 의외로 많습니다.

10대 청소년들이 학교생활이나 친구 관계 등에 대해 이야기할 때는 옳고 그름을 판단하기보다는 자녀의 정서를 존중해주는 데 중심을 두는 태도가 필요합니다. 심판관처럼 잘잘못을 판단하거나 당장 문제를 해결하자고 다그치는 것보다 중요한 일은 상처받은 아이의 마음을 위로하는 것입니다. 아이 자신이 소중하고 귀한 사람이라는 생각을 갖도록 격려해주는 것이 우선이지요. 문제를 해결하는 과정도 관련되어 있는 사람들이 함께 의논하여 청소년들의 관계를 회복하고 치유하는 방식으로 진행해야 합니다.

적극적인 아이 > 소극적인 아이?

많은 부모가 자녀들에 대해 '너무 소극적이고 무기력하다'며 불평하곤 합니다. 특별히 잘하는 것도 없고, 하고 싶은 것도 없으며, 자기주장도 분명하지 않고, 몇 시간이고 음악만 듣거나 게임만 하는 무기력한 혼란기를 보내는 것 같다고 하면서 한심하게 생각하거나 걱정합니다.

부모들은 대개 아이가 보다 적극적이고 활발한, 외향적인 성격이기를 바랍니다. 다른 사람들보다 앞장서서 움직이고 빠르게 결정하고 적극적인 성격을 갖는 것이 사회생활에 유리하다는 생각을 갖고 있기 때문입니다. 그래서 행동이 굼뜨거나 빨리 결정하지 못하고 갈등을 하거나, 남 앞에 나서기를 꺼리는 등 소극적인 모습을 보이면 매우 걱정하면서 아이를 책망하기도 합니다.

"왜 바로바로 말을 못해?"
"어른이 물어보시잖아, 빨리 말씀드려."
"네 생각을 말해보라고. 생각이 없는 거냐?"

조용한 성향이거나 자신의 의견을 잘 드러내지 않는 아이를 답답해하고 빨리 말하라고 다그치는 부모들도 있습니다. 아이가 생각에 잠겨 있는 동안 성격 급한 부모들은 아이 대신 대답하는 모습도 간혹 볼 수 있습니다.

천천히 생각하고 조용히 행동하는 아이에게는 적극적이고 활발한 아이 못지않게 장점이 많습니다. 품성이 성실하고 정확합니다. 대충 알고 움직이지 않고, 느리지만 확신이 서야 움직이는 사람들은 끈기 있게 견디는 힘이 있습니다. 특히, 중학생들의 인지발달에서 중요한 것은 개념을 이해하고 자신의 생활과 연결하는 경험입니다. 시간이 다소 걸리더라도 정확하게 이해하고 표현하는 과정을 통해서 도약합니다.

경쟁과 속도를 강조하며 "빨리빨리!"를 외치는 사회에서 어른들은 소극적이고 행동이 조금 늦고 과묵한 아이가 앞으로 손해를 보거나 경쟁에서 뒤지지 않을까 하는 불안감을 갖는 것입니다.

빠른지 느린지, 적극적인지 소극적인지 나누는 기준도 '타인을 대하는 태도' 같은 외부적인 요소에만 치중하는 경향도 있습니다. 아이의 보호자가 아이의 내면의 힘을 보면서 격려해주는 기다림이 아이를 깊게 성장하도록 지원합니다.[21]

그러나 소극적, 내성적이거나 적극적, 외향적인 성향의 차이가 능력의 차이를 의미하지는 않습니다. 실제로 우리가 '성공했다'고 말하는 사람들 중에는 속이 깊고 내성적인 사람들이 많습니다. 그들 대부분은 오히려 다른 사람의 행동이나 시선에 신경 쓰지 않고 오직 나 자신에 집중하고 나 자신과 경쟁했기 때문에 깊이 있는 실력을 갖출 수 있었다고 말할 수 있습니다. 시간은 빠른 사람의 편이기도 하지만, 천천히 오래하는 사람의 편이기도 합니다.

내 아이는 왜 특별하지 않을까

"쟤는 너랑 동갑인데 저렇게 유명하잖아. 너는 부럽지도 않니?"

172

"요즘 같은 세상에서 남들이랑 똑같이 하다가는 뒤처져. 더 앞서 나가야지."

"너도 머리는 좋은데 노력이 부족해서 그래. 노력하면 너도 재처럼 할 수 있어."

'슈퍼보이' '슈퍼걸'을 바라는 부모들이 많습니다. 그들은 내아이도 텔레비전이나 신문에 나오는 유명하고 특별한 사람처럼 되었으면 하고 바랍니다. 아이가 '영재'이거나 '천재'이기를 바라는 부모들도 있습니다. '특별함'에 매달리다 보니 주변의 다른 아이들은 모두 특별해 보이고, 내 아이만 아무런 재능도 특기도 없는 평범한 아이처럼 보입니다. 어느 집 아이는 이것을 잘하고, 어느 집 아이는 저것을 잘한다는데 내 아이는 잘하는 것이 없어 보입니다. 그러다 보니 자연스럽게 내 아이를 다른 아이와 비교하기 시작합니다.

하지만 대부분의 아이들은 소위 '평범한' 아이들입니다. 남이 가진 것은 커 보이고, 내가 가진 것은 작아 보이는 심리가 아이를 볼 때도 적용된 것뿐입니다. 다른 집 아이의 재능은 커 보이고, 내 아이의 재능은 작아 보입니다. 아이에 대한 불만이 쌓이고, 불만은 자칫 지나친 사교육 강요나 아이에 대한 폭언으로 이어집니다. 아이와의 사이는 멀어질 수밖에 없습니다. 이런 부모의 목표는 오직 '아이를 앞자리에 줄 세우는 것' 혹은

'아이를 눈에 띄는 자리에 전시하는 것'뿐입니다.

이 세상에는 수많은 사람이 살고 있습니다. 존재 그 자체로 고맙고 힘을 줍니다. 사람들이 갖고 있는 재능과 장점의 종류는 다양하기 이를 데 없습니다. 만 명의 사람이 있다면 그들의 재능과 장점은 만 가지가 넘습니다. 모두가 소중하고 평범하며, 모두가 유일한 생명으로 특별합니다.

세상에는 많은 꽃이 있습니다.

어떤 꽃은 봄에 피고, 어떤 꽃은 가을에 핍니다. 아까시아나무 꽃처럼 여름에 피거나 동백꽃처럼 겨울에 피는 것도 있습니다. 아이들도 마찬가지입니다. 어린 나이에도 남다른 재능으로 눈에 띄는 아이, 많은 사람들 앞에 나가 발표를 하거나 재주를 뽐내는 아이들도 빛나지만, 오래 연습하고 천천히 성장하고 있는 많은 아이들도 똑같이 아름답습니다. 내 아이가 봄에 피는 꽃이 아니라 해서 초조해하거나 남과 비교하며 아이를 다그치지 마십시오. 필 때가 되지 않은 꽃더러 왜 피지 않느냐고 다그치고 양분을 지나치게 많이 주면 뿌리부터 시들어 힘들어할 수 있습니다.

꽃들은 색깔도 다양하고 모양도 정말 다양합니다. 커다란 꽃이나 색이 짙은 꽃도 있지만 작고 색이 옅은 꽃들도 많습니다. 그렇다고 해서 큰 꽃보다 작은 꽃이, 색이 진한 꽃보다 옅은 꽃이 덜 아름답다고 할 수는 없습니다. 저마다의 매력이 있습니다. 그러다 보니 사람들이 가장 좋아하는 꽃으로 꼽는 꽃도 제각각입니다.

학교 성적이 우수하거나 특정한 분야에 뛰어난 능력을 가진 사람만이 소중한 사람이라는 생각을 버려야 합니다. 뛰어난 사람이란 개별적 능력으로만 따지는 것이 아닙니다. 어떤 분야에 있든 자신이 쓸모 있다는 자부심을 가진 사람, 자신이 소중하다고 스스로 생각하는 사람이 뛰어난 사람이 됩니다. 정서적으로 안정적이고 행복한 사람은 어떤 분야에서든지 열심히 노력하여 자신의 역할을 다하기 때문입니다.

미국의 심리학자 웨인 W. 다이어는 다음과 같이 말했습니다.

"지금 행복하다고 느낀다면, 그리고 소중하다고 생각하는 것을 위해 한순간 한순간을 살아가고 있다면 똑똑한 사람이다. 물론 지적 능력은 행복을 위한 유용한 보조 수단이다. 그러나 학교 성적이 그다지 좋지 않다고 해도 자신을 위해 행복을 선택할 수 있다면 똑똑한 사람이다."[22]

담임선생님과의 소통

담임선생님, 꼭 만나야 하나요?

Q 애가 중학생인데 담임선생님을 꼭 만나야 하나요?

A 네. 중학생 때는 인간의 발달 과정 중에서 가장 많은 발달과 성장이 이루어지는 시기입니다. '중학생인데'가 아니라 '중학생이기 때문에' 반드시 담임선생님을 만나야 합니다.

Q 빈손으로 가도 되나요?

A 네. 간식거리도 필요 없습니다. 학교에도 함께 마실 차 정도는 준비되어 있습니다.

Q 아이가 선생님을 만나는 것을 싫어합니다.

A 교사와 부모님이 만나는 것은 학교 운영에 포함된 과정이며, 아이는 물론 교사나 부모님도 좋거나 싫거나 관계없이 만나야 하는 사이라는 것을 잘 설명해주십시오.

우리나라 부모님들은 아이의 교육에 기울이는 관심의 크기에 비해 학교에 오는 것을 꺼려하는 경향이 있습니다. 아직도 그저 학교와 선생님들을 전적으로 믿고 맡기는 것이 미덕이라 생각하는 부모도 많습니다.

아이가 초등학생일 때는 학교생활을 제대로 하고 있는지 걱정이 많기 때문에 담임선생님과 자주 연락합니다. 고등학생이 되면 입시와 관련해 상담하려고 담임선생님을 자주 만납니다. 그런데 중학생 아이를 둔 부모는 어느 정도 아이가 제 앞가림을 할 것이라는 생각 때문에 학교에 잘 나오지 않습니다. 특별한 말썽을 부리는 경우가 아니면 이제 학교에 가지 않아도 된다고 생각하고 한시름 놓기도 합니다.

담임선생님이 만나자는 연락을 하면 부모들은 '아이가 말썽을 부렸나?' 하고 미리 걱정부터 합니다. 별다른 일 없이 아이교육 문제로 대화를 하고 싶다고 말하면 껄끄러워하거나 부담을 느끼는 부모님들도 있습니다. 그러니 교사 입장에서도 부모님에게 먼저 연락하기가 쉽지 않습니다. 학부모 총회 때 의례적으로 한 번 만나고 나면, 학생이 문제 행동을 했을 경우에

나 부모님에게 연락하여 만나게 됩니다.

그러나 교사와 부모의 소통이 일상적으로 된다면, 전화로 간단하게 아이의 크고 작은 문제점이나 사고 사항을 공유해 더 큰 문제가 일어나는 것을 사전에 예방하고 아이를 교육적인 방향으로 지도할 수 있습니다.

예를 들어 어쩌다 아침에 지각을 한 아이에게는 충고를 하는 정도로 충분합니다. 하지만 매일 지각한다면 이것은 집, 혹은 등굣길에 문제가 있다는 일종의 경고등입니다.

이때 부모님과 서로 기본적인 친밀감이 형성되어 있으면 쉽게 연락을 할 수 있지만, 담임선생님 입장에서는 얼굴도 모르는 학부모에게 '아이의 지각'이라는 비교적 사소한 문제로 전화하기가 망설여집니다. 그러다 보니 작은 징후를 포착했을 때 아이 문제를 소통하지 못하고 일이 커진 후에야 부모를 나게 됩니다. "더 빨리 만났어야 했다"는 생각을 방지하기 위해서 학부모와 담임교사가 학기 초에 얼굴을 나누며 친밀한 관계를 형성하는 것은 중요한 일입니다.

학교 행사, 꼭 참여해야 하나요?

학교 행사를 활용하자

초등학생이 담임선생님 한 사람에게만 영향을 받는다면, 중학생은 다양한 교사를 만나기 때문에 관계의 폭이 넓어집니다. 처음 중학교에 올라온 아이들은 이런 변화를 무척 즐거워하며, '중학교에 와서 좋은 점' 중 하나로 꼽기도 합니다.

반면 담임선생님이 다른 반 학생들과도 수업을 하기 때문에 초등학교 때 담임선생님에 비해 친밀감 있게 지도할 수 있는 시간이 상대적으로 부족합니다. 엎친 데 덮친 격으로 아이는 중학생이 되면서 개인적 상황을 숨기기 시작하기 때문에 담임선생님이 학생에 대한 정보를 파악하는 데 드는 시간도 만만치 않습니다.

3월 한 달 동안, 담임선생님은 학생과 면담을 갖습니다. 이 기간에 부모님이 먼저 학생의 특성이나 집안의 특별한 상황에 대해 알려주시면 아이를 이해하고 역할을 배정할 때 많은 도움이 됩니다.

4월 중순에는 학부모 총회가 열립니다. 학부모회의 참가를 법적으로 의무화한 나라도 있습니다. 우리나라에서도 학부모 총회는 이제 학교에서 주관하는 일방적인 행사가 아니라, 부모가 아이의 학교생활을 이해하고, 학교 운영에 참여할 수 있는 기본 활동으로 자리 잡아가고 있습니다.

일하는 부모님들이 학교 행사에 쉽게 방문할 수 있도록 학교 방문 시 유급 휴가를 제도적 권리로 보장하는 문제도 공론화되고 있습니다. 다른 행사에는 참여하기 힘들더라도 학부모 총회에는 가능한 한 적극 참여해 담임선생님과 인사를 나누고, 1년 동안 함께 생활하게 될 다른 학부모들과도 인사를 나누는 것이 좋습니다.

요즘은 맞벌이 부부가 많기 때문에 부모의 퇴근 시간인 저녁 6시 이후에 학부모 총회를 여는 학교들도 있습니다. 만일 내 아이가 다니는 학교 학부모 총회가 너무 이른 시간에 열려 도저히 갈 수가 없다면, 여러 부모와 의견을 모아 학교 측에 총회 시간을 조정해달라고 요구할 수도 있습니다.

학교 행사에 참가하면 담임선생님과 만날 수 있을 뿐 아니라 아이에 대한 이해가 높아지고, 아이와 친한 친구가 누구인지도 알게 됩니다. 무엇보다도 같은 반 학부모를 만나 교육에 관한 깊이 있는 대화를 나눌 수 있습니다. 같은 반 부모들은 입장이 같기 때문에 한두 번만 만나도 쉽게 친해집니다. 동갑내기 아이를 둔 부모끼리 이야기를 나눠보면 내 아이만이 아니라 또래의 모든 아이들이 비슷한 행동을 한다는 것, 대부분의 부모들이 같은 문제로 고민하고 있다는 것을 알게 됩니다. 그러면 아이를 대하는 태도에 여유가 생기고, 다른 부모와 공감

대를 형성해 부모로서도 용기를 얻을 수 있습니다.

학부모, 연대하고 협력하세요

가장 힘센 모임은 법적으로 활동을 보장하고 있는 '학교운영위원회'입니다. 학교운영위원회는 학부모 총회에서 투표로 선출한 학부모 대표들이 학교 교육 과정 심의부터 학교 예산 배분까지 모든 학교 운영과 관련된 사항을 심의하고 결정합니다. 학교운영위원회는 교내의 문제와 더불어 지역 사회에서 학교에 대한 관심과 교육의 방향에 대한 여론을 만들 수 있는 막강한 힘을 가지고 있습니다.

학교운영위원회 위원들이 지역의 시민단체 등과 연대해 교육 환경을 바꾼 사례들은 이미 많이 있습니다. 학교 급식을 위탁에서 직영으로 교체하거나 무상급식에 대한 의견을 모으기도 하고, 급식에 제공되는 식품의 안전성을 점검하기도 합니다. 교복 공동구매를 주최하기도 하고, 여름에는 티셔츠와 반바지 형식의 생활복으로, 겨울에는 실용적인 점퍼로 교복 디자인을 바꾸기도 했습니다. 학교 앞 도로의 안전성이 보장되지 않자 학부모 서명 운동을 실시해 학교 주변 환경을 개선한 사례도 있으며, 예산을 요구해 각 교실마다 공기 청정기를 놓은 사례도 있습니다. 항상 시험 성적 위주였던 우리나라에서 학교 밖에서의 체험활동이 하나의 교육활동으로 탄탄히 자리

잡은 것 역시 일선 교사들과 학부모들의 적극적인 노력 덕분이라 할 수 있습니다.

때문에 어떤 교육관을 가진 부모님이 학교운영위원회에 들어오느냐의 문제는 학교 운영의 방향을 결정하는 데 큰 영향을 미칩니다. 생활지도 측면에서 어느 정도까지 아이들의 자유를 보장할 것인가, 또 방과 후 활동은 어떤 프로그램으로 구성할 것인가 등에 직접적으로 관여할 수 있기 때문입니다.

학부모 총회 이후 보호자들이 모여서 책 읽는 모임을 구성하는 것도 좋습니다. 같은 학년이나 같은 학급 보호자들이 청소년 성장에 관련된 책을 읽고 한 달에 한 번씩 만나서 의견을 나누는 모임입니다. 요즘 학교에서는 학생들의 교육 활동뿐 아니라, 학생의 보호자를 위한 지원 활동을 적극적으로 진행합니다. 책을 읽겠다고 하면 책도 지원하고, 청소년 전문가를 초청하여 대화를 나누고 싶다고 하면 적극적으로 섭외에 나섭니다. 거의 모든 활동을 학교 예산으로 적극 지원합니다.

대체로 많은 중학생은 보호자들이 학교에 오는 것을 싫어합니다. 그러나 "책 읽는 모임 때문에 학교에 간다"고 하면 다릅니다. 적극 지지하고 우리 엄마가 어떤 책을 읽는지 관심을 보입니다. 책 읽는 모임에 참여하는 보호자의 자녀들이 서로 친해지고 더 나아가 학생들끼리 책 읽는 모임을 만들어 참가하는 경우도 많이 보았습니다. 책 읽는 보호자모임에 참가한 분들은 함께 책을 읽고 토론하면서 청소년과 교육 환경에 대한 이해도가 높아졌다고 했습니다. 이처럼 학부모들의 모임은 아이를 키우는 데 생각보다 큰 힘이 됩니다.

학교에서 이루어지는 1년 동안의 교육 계획은 학교 홈페이지에 안내되어 있습니다. 모임에 참여하기가 어려운 상황이라면, 학교 홈페이지를 한 달에 한두 번 둘러보는 것만으로도 학교에 어떤 행사가 있고, 어떤 일들이 진행되는지 알 수 있습니다.

선생님이랑 엄마랑 내 욕하는 거 아니에요?

부모도 교사도 아이 편이라는 믿음

아이들은 부모님과 담임선생님이 만나는 것을 좋아하지 않습니다. 혹시 둘이 만나 자신에 대해 험담하는 것은 아닌지 걱정이 되어서입니다. 부모와 교사가 가까이 소통하는 것이 자신을 불리하게 만드는 일이 아니라는 것을 확실히 경험하고 납득해야만 부모와 교사의 만남을 긍정적으로 받아들입니다.

교사 입장에서는 아이의 부모님을 만나고 나면 아이에게 많은 이야깃거리가 생겨서 좋습니다. 아이를 칭찬해주고 싶을 때면 부모님을 끌어와서 칭찬하기도 하고, 부모님께 안부를 전해달라는 말로 아이와의 대화를 시작하기도 합니다.

"세훈이 어머님 정말 멋지시더라. 세훈이가 엄마 닮아서 멋진
듯?"

"저희 엄마 아세요?"

"지난번에 학부모 총회 못 오셔서 얼마 전에 선생님과 따로 만
났어. 엄마가 회사 끝나고 퇴근 후에 학교에 들르셨거든."

"아 맞다, 엄마한테 들은 것 같아요."

"엄마가 세훈이를 엄청 많이 사랑하시더라고."

"맞아요. 우리 엄마가 저 진짜 많이 사랑하세요."

단순하고 일반적인 대화지만, 이런 대화가 쌓이면 교사와
학생 사이, 교사와 부모 사이가 정서적으로 튼튼하게 연결됩
니다. 그러면 더 많은 문제를 터놓고 이야기 나눌 수 있는 사이
로 발전합니다.

담임선생님과 부모님이 서로 가까워지면, 학교에서 발견되
는 아이의 사소한 거짓말이나 책임 회피 등이 더 큰 문제로 발
전하기 전에 고칠 수도 있습니다.

아이들 입장에서도 장점이 있습니다. 친구들과 함께 외출을
하거나 어울려 노는 것을 반대하던 부모님이 담임선생님의 설
득으로 의견을 바꾸는 경우도 간혹 생기기 때문입니다. 장점

을 체험한 아이들은 오히려 교사와 부모님이 가까이 지내는 것을 좋아하기도 합니다.

어른에 대한 아이의 불신이 깊은 경우에는 부모님과 선생님, 아이 셋이 모두 한 자리에서 이야기하는 삼자대면 방식도 효과적입니다. 간접적으로 말을 전달하다가 오해가 발생할 수 있는 문제도 셋이서 함께 이야기를 나누다 보면 간결하게 해답에 도달할 수 있습니다. 부모님과 담임선생님이 먼저 만나서 충분히 이야기를 나눈 뒤, 아이와 함께 의논하면서 해결 방안이나 각자의 의견을 말하는 방식으로 진행하면 됩니다.

담임선생님 면담 후 아이를 혼내는 것은 금물!

부모님을 만나 아이에 대해 상담을 한 뒤에도 아이의 상태가 좋아지기는커녕 나빠지는 경우가 간혹 있습니다. 십중팔구 상담을 마친 뒤 부모님이 아이를 감정적으로 혼낸 경우입니다. 이 경우 자칫 교사와 학생 사이가 나빠질 수도 있습니다. 아이들로서는 '선생님 때문에 부모님에게 혼이 났다'고 생각하기 때문입니다. 다른 사람이 끼어 들어서 자신을 나쁘게 말하고 부모로부터 멀어지게 했다고 생각하는 순간, 아이는 그 사람을 원망하게 됩니다. 아래는 실제로 제가 반 학생과 나누었던 대화를 되살려 기록해본 것입니다.

"진이야! 선생님이랑 이야기 좀 하자."

"저는 할 얘기 없는데요."

"오늘 수업시간에 했던 네 행동을 나는 이해할 수가 없다."

"선생님이 우리 엄마한테 제가 정신적으로 안정감이 없다고 했다면서요? 제가 무슨 정신병자예요?"

"선생님이 엄마한테 전화드린 것 때문에?"

"그래요. 선생님이 정신병자라고 했잖아요."

"그래서 진이가 오늘 선생님한테 복수한 거야?"

진이는 고개를 끄덕거렸습니다.

"진이야. 선생님이 엄마에게 전화해서 진이가 상처받았다면 미안해. 선생님이 사과할게."

"왜 그랬냐고요."

"정신적이 아니고, 정서적! 우리 진이가 정서적으로 안정감이 더 있었으면 해서……. 엄마랑 진이가 차분하게 차도 마시고 공원에 가서 놀기도 하는 시간을 좀 가졌으면 해서 그렇게 말씀드렸어. 선생님 마음은 그랬는데, 선생님이 말주변이 부족해서 전달이 잘못 됐나봐. 그래서 오해가 생긴 것 같아. 내가 다시 엄마에게 전화해서 잘 설명드릴게."

대화 뒤로도 학생의 기분이 풀리는 데까지는 시간이 걸렸습니다. 이는 교사와 부모의 상담이 오히려 좋지 않은 결과를 만들어낸 경우입니다. 아이에 대한 조언을 들은 뒤의 부모의 태도는 상담의 성공 여부를 결정짓는 중요한 요소입니다.

교사와 상담을 끝낸 뒤에는 아이의 단점이나 부족한 점을 지적받았다는 사실에 감정적으로 화를 내지 않아야 합니다. 교사가 부모님에게 전화를 하거나 상담 요청을 하는 것은 보다 교육적인 결과를 내기 위함이지, 부모의 화를 돋우려는 것이 아닙니다. '아이 때문에 내가 체면을 구겼다'는 식으로 생각하거나 아이와 자신을 동일시하고 있기 때문에, 조언과 지적을 객관적으로 받아들이지 못하고 자신의 분노를 아이에게 풀게 되는 것입니다. 그러나 아이에 대한 판단은 부모님에 대한 평가가 아닙니다. 부모와 교사가 함께 나눈 이야기를 직접적으로 거론하며 아이를 혼내는 것은 교육적이지 않을 뿐더러 아이의 반항심만 자극하기 쉽습니다.

혼내거나 나무라기보다는 학교생활에 어려운 점은 없는지, 어떻게 도와주면 좋겠는지 물어 답변을 유도하고, 그에 대해 대화를 나누면 아이는 자신이 해야 할 일을 스스로 정리하게 됩니다. 담임선생님과 부모님이 상담을 한 뒤, 부모님이 먼저 대화를 시도하는 등 사이가 더욱 가까워지면 아이는 학교생활을 더 잘하고 싶은 의욕을 가집니다.

3부

중학생의 부모,
중학생의 교사

질풍노도를 봄바람으로

가족은 정서적 고향

가족은 생활 공동체인 동시에 정서적 공동체이기도 합니다. 한 사람의 습관과 정서는 어린 시절부터 가족과 함께 생활하면서 겪었던 경험을 토대로 만들어집니다. 가족 집단 안에서 어떻게 생활하는가, 가족들과 어떤 문화를 공유했는가에 가장 큰 영향을 받습니다.

아이들이 시련에 부딪히는 순간순간마다 자신을 격려하고 미소 지을 수 있게 해주는 추억을 물려주는 것. 부모가 가족이라는 공동체를 통해서 아이에게 물려줄 수 있는 가장 소중한 재산 아닐까요?

중학생이 되면 부모님과 개인적으로 애정을 나누거나 의사

소통을 하는 단계를 넘어, 가족 공동의 행사를 계획하고 참여하는 법을 배워야 합니다. 초등학생 때보다 한 단계 나아간 소속감과 안정감이 필요하기 때문입니다. 가족 구성원에게 중요한 일이 생겼을 때, 부모 중 한 사람이 새로운 직업을 찾아야 하는 상황에 처했을 때, 집을 이사해야 할 때 등등, 집안의 큰일에 대해서는 사전에 가족회의를 열어 사안을 들려주고 아이의 의견을 듣도록 합시다. 이미 어른들끼리 방향을 정했더라도 아이에게 통보하듯 결과만을 전달하기보다는 상황과 앞뒤 관계를 공유하고 가족 모두의 의견을 들은 다음 동의를 받아서 최종적으로 확정하는 것이 좋습니다. 친척들이 참여하는 집안 행사는 이맘때 아이들의 정신적 성숙을 고취시키기에 좋은 동기가 됩니다. 아이들은 친척 행사 등에서 온전한 개인으로 대접받을 때 더는 어린아이가 아니라는 느낌을 받고, 앞으로 좀 더 성숙한 태도를 가져야겠다고 스스로 마음먹기 때문입니다. 그러나 제대로 된 설명 없이 그저 "어른들 일이니 자세한 것은 알 필요 없고 따라오기나 해"라는 식으로 아이를 행사에 데려간다면, 아이들은 그저 빨리 집에 돌아가 자유 시간을 보내고 싶어 투정을 부리거나 지루해할 뿐입니다. 따라서 친지들의 행사에 아이를 참석시킬 때에는 행사의 성질과 친척 관계에 대해 정확하게 알려주는 노력이 필요합니다.

가능한 조부모와도 정기적으로 안부 전화를 할 수 있게 하는 것이 좋습니다.

정서적으로 건강한 아이를 키우는 부부의 원칙

부모의 상호 존중

1차적으로 부모가 서로 사이좋게 지내는 것이 가장 중요합니다. 아이는 아빠와 엄마를 모두 사랑하기 때문에 한쪽 부모로부터 다른 한쪽 부모에 대한 비난이나 험담을 듣고 싶어 하지 않습니다. 충돌이 있을 때는 사실적인 의견의 차이를 설명해야지, 배우자의 인격을 공격해서는 안 됩니다.

"아빠(엄마) 같은 사람은 되지 마라" 같은 이야기는 농담으로라도 하지 않아야 합니다. 치명적으로 좋지 않은 영향을 줍니다. 오히려 아이들이 한쪽 부모에 대한 불만을 이야기할 때면, 다른 한쪽 부모는 배우자의 장점을 이야기하며 변호해주는 것이 아이의 성장에 유익합니다.

"내가 저런 사람과 왜 결혼했는지 몰라. 네가 있으니 사는 거지."

"내가 그때 눈이 삐었었지. 너만 없었어도 벌써 새로운 인생을 살았을 거야."

부모들이 흔히 하는 자조적 발언입니다. 별생각 없이 농담 삼아 말할 때도 있고, 아이가 부부 관계를 유지시켜줄 만큼 소중한 존재라는 것을 강조하고 싶어 말하는 경우도 있습니다.

그러나 이런 이야기를 듣는 자녀는 부모의 의도와는 정반대로 자신의 존재에 대한 부정적인 이미지를 가지게 됩니다. 자신이 부모의 인생에 걸림돌이 되었다고 생각하는 것입니다.

아이는 엄마와 아빠를 모두 사랑합니다. 가치관이나 삶의 방식에 따라 어느 한쪽 부모를 더 좋아할 수는 있습니다. 하지만 그런 선호도와는 별개로, 아이들은 부모님이 사이좋게 지내는 모습을 보면서 행복감과 소속감, 안정감을 느낍니다.

부모가 다투면 안정감과 소속감이 흔들립니다. 자연히 아이는 미래에 대한 불안에 휩싸이게 됩니다. 부모님에 대한 걱정도 불안의 원인입니다. 특히 아이가 싸움의 원인이 되어 부모 사이에 다툼이 자주 벌어지면 아이는 자책감과 동시에 심리적 부담감을 느끼게 됩니다.

부부는 다툴 수 있습니다. 하지만 아이를 위해서라면 현명한 조정이 필요합니다. 아이 앞에서 상대방을 공격하고, 인격적으로 나쁜 사람으로 규정해서는 안 됩니다. 목소리가 높아지고 싸움이 길어질 때는 아이에게 생각이 달라서 의견을 조정하는 중이라는 사실을 분명히 알려주는 것이 좋습니다. 또 가급적 집에서 다투지 말고 밖으로 나가서 이야기하는 것이 좋습니다. 이는 부부를 위해서도 좋은 방법입니다. 찻집이나 공원 등, 집 밖으로 자리를 옮겨서 이야기하게 되면 집 안에 있을 때보다 사안을 객관적으로 바라보게 되고, 목소리를 높이기 힘들어져 보다 이성적인 대화하게 됩니다. 생각할 시간을 가지게 되므로 분위기가 진정되는 효과도 있습니다.

한부모(이혼) 가정의 보호자가 자녀에게 꼭 해주어야 할 말

부부 사이에 갈등이 생길 때는 그 이유를 자녀에게 솔직하게 이야기해주는 것이 좋습니다. 아이들에게 싸우는 모습, 갈등을 일으키는 모습 등은 여과 없이 보여주면서도 왜 그렇게 싸우는지에 대해서는 '아이에게 그런 이야기까지 할 필요는 없다'고 생각해 함구하는 경우가 많습니다. 하지만 이유도 모르는 채 싸우는 모습만 지켜보는 아이의 마음을 헤아려보십시오. 원인을 모르기에 불안감은 더 커질 뿐입니다.

이혼을 생각할 정도로 갈등이 깊어진다면 아이에게도 미리 이야기하기를 권합니다. 헤어질 가능성에 대해 미리 인지하고 있는 아이들은 부모의 이혼에 대해서도 보다 빨리, 보다 적극적으로 이해하려고 노력합니다. 아무 예고도 없이 갑작스럽게 이혼 통보를 받는 경우, 아이들은 감당하기 어려운 정서적 충격을 받습니다. 이혼은 양쪽 부모만의 문제만이 아니라 아이의 문제이기도 합니다. 따라서 아이에게도 심리적인 준비 기간이 필요합니다.

이혼 뒤 각자의 인생을 살 때도 아이에게 전 배우자의 험담은 하지 않는 것이 좋습니다.

또한 아이가 "엄마와(아빠와) 결혼했던 것 후회 안 하세요?"라고 묻는 것은 자신을 낳은 것에 대한 소회를 묻는 것이기도 합니다. 그런 경우에는 "후회하면 뭐 하겠니?" 같은 소극적인 답변보다는, "결혼해서 어려운 일도 많았지만, 네가 태어난 것은 고마운 일이었지. 그 사람을 사랑했고 그래서 너를 낳았어. 너를 보면 즐거웠던 시절이 생각나서 고마워. 어려움을 참아보려고 노력도 했는데 조건도 힘들고 내가 부족한 면도 많았어. 너에게는 미안하구나"와 같은 내용으로 적극적으로 말해주고 아이가 사랑으로 태어난 소중한 존재라는 사실을 꼭 말해줄 것을 부탁드립니다.

가장 중요한 것은 엄마와 아빠는 헤어지더라도 아이를 사랑할 것이며, 이혼과는 관계없이 아이를 공동으로 돌보고 책임지기 위해서 노력할 것임을 주지시키는 것, 누구와 함께 살지를 결정할 때 아이의 의견을 존중하는 것입니다.

인간의 성장 과정에서 가장 중요한 것은 자신의 존재에 대한 긍정입니다. 자신에 대한 긍정적인 자부심이 있으면 세상을 적극적으로 살아갈 수 있습니다. 자부심이 있는 사람은 현실적인 어려움에 처했을 때 보다 더 강하게 대응할 수 있습니다.

부모 입으로 "너는 축복 받은 멋진 생명"이라는 말을 듣는 것은 아이에게 근본적인 자부심을 줍니다. 이혼한 부모라 해서 아이의 존재를 축복할 수 없는 것은 아닙니다. 그리고 그 자부심은 살아가는 내내 그 어떤 것보다 귀중한 재산이 될 것입니다.

가족과 마음을 나누는 3가지 원칙

원칙1 : 눈을 보고 말하며, 서로를 반가워하고 자주 안아주기
가족이 밖에서 들어오면 하던 일을 멈추고 반갑게 맞아주는 것을 생활화합니다. 눈을 마주보며 웃어주고, 온몸으로 환영하며 안아줍니다.

"우리 딸, 왔구나!"
"하루 동안 고생했네. 오늘 날씨 추웠지?"
"다녀오셨어요, 아빠."

일단 집에 들어오면 가족 구성원 모두가 바로 개인 공간으로 들어가지 말고 가족들끼리 잠깐이라도 이야기를 나누는 습

관을 들여야 합니다. 이런 행동이 몸에 익으면 아이들도 곧바로 자기 방으로 들어가지 않고 학교에서 있었던 일 등을 이야기하게 됩니다. 함께 간단히 차를 마시거나 간식 먹는 시간을 가져도 좋습니다. 함께 하루 이야기를 나누고 힘든 일이 있었다면 서로 격려해줍니다.

아침에 집에서 나갈 때는 "잘 다녀오라"는 인사를, 잠자리에 들 때는 "잘 자"라는 인사를 꼭 하도록 합시다. 우리 속담에 '엎드려 절 받기'라는 말이 있습니다. 엎드려 절 받기를 해서라도 아이에게 인사하는 습관을 만들어주면 가족 관계를 부드럽게 유지하는 데 큰 보탬이 됩니다.

보통 초등학생 때까지는 인사를 곧잘 하던 아이들도 중학생이 되면 하지 않는 경향이 있습니다. 가족끼리 인사하거나 애정 표현을 하는 것을 쑥스럽게 여기기 시작하기 때문입니다. 이때 부모가 먼저 인사하며 따뜻하게 대해주면 아이들에게도 인사하는 습관이 정착됩니다.

잠들기 전에 잘 자라는 인사를 하는 것은 하루를 기분 좋게 마무리하는 효과가 있습니다. 아이가 밤늦게까지 컴퓨터나 전화를 하는 경우에도 직접적으로 나무라기 이전에 잠자리 인사를 통해서 자야 할 시간이라는 점을 환기시켜주는 것이 좋습니다.

"열두 시가 넘었다. 엄마는 먼저 잘게."

"시간이 벌써 그렇게 됐어요?"

"그래. 너는 몇 시에 잘 거니?"

"30분만 하고 잘게요."

"그래, 약속 지켜야 돼. 잘 자라."

가족은 항상 함께하는 사람들입니다. 하지만 그렇기 때문에 오히려 서로에 대해 노력할 필요를 느끼지 못하는 경우가 많습니다. 그러나 가족 간의 화목이란 하늘에서 저절로 떨어지는 것이 아닙니다. 아침저녁으로 반갑게 맞이하고, 힘든 일이 있을 때는 경청하고 격려하며, 서로를 소중한 존재로 아끼는 일상생활이 차곡차곡 쌓여 '화목한 가족'이 되는 것입니다.

대화도 표현도 없는 일상생활을 보내다가 새삼스레 대화를 나누려고 해도 습관이 되어 있지 않으면 생각처럼 잘되지 않습니다. 어떤 가족은 그때가 되어서야 이제까지 서로에게 너무 무심했다는 생각을 합니다. 가족끼리 서로 대화할 때는 눈을 보면서 이야기하고, 자주 안아주는 것도 중요합니다.

초등학생 때까지는 아이를 자주 안아주던 부모들도 중학생이 되고 나면 안아주는 횟수가 많이 줄어듭니다. 중학교 3학년 학생들에게 물어보면 부모가 일상적으로 안아주는 경우가 많지 않습니다.

가끔 아이들에게 엄마와 아빠를 안아드리고 "사랑합니다"라고 말하라는 숙제를 냅니다. 주로 아버지들은 "용돈 필요하냐?"는 반응이 많다고 합니다. 특히 남학생들에게는 "징그럽다"거나 "오늘 왜 이러냐?" "귀찮으니 저리 가라"는 반응을 보이는 경우도 있다고 합니다.

부모의 반응에 아이들은 많이 놀라고 서운해합니다. 어른들 눈에는 '다 큰' 아이가 초등학생처럼 구는 것 같아 어색할 수 있겠지만, 정작 아이 스스로는 초등학생 때의 자신과 지금의 자신에게서 큰 차이를 느끼지 못합니다. 앞서도 말했지만, 중학생은 몸만 훌쩍 컸을 뿐, 사고방식은 초등학생 때와 크게 다르지 않습니다.

때문에 아이들은 여전히 부모님이 자기를 안아주고 사랑한다고 표현해주기를 바랍니다. 부모에게 사랑받고 싶은 마음은 변함이 없는데, 중학생이 되었다는 이유만으로 거리를 두는데 섭섭함을 느낍니다.

가족 간의 친밀감을 표현하는 스킨십은 사람에게 높은 안정감을 줍니다. 갓 태어난 쌍둥이 형의 포옹이 쌍둥이 동생의 불안정한 박동을 안정적으로 전환시켜 생명을 지킨 사례가 있을 정도입니다.

습관이 성격을 만들고, 성격이 품성을 만듭니다. 가족 공동체 안에서 서로를 소중하게 여기는 말과 태도가 습관이 되어

몸에 스며들도록 해야 합니다. 상대방을 존중하는 태도를 익히는 일은 가족들이 날마다 서로를 환영하고 존중하는 데서 시작합니다. 그렇게 자라난 아이는 나중에 어른이 되어서도 어디서나 환영받는 사람이 됩니다.

원칙2 : 집안 상황을 솔직하게 공유하기

기쁜 일이든 슬픈 일이든 집안에서 생긴 큰일은 과장이나 숨김없이 아이들에게도 공개하기를 권합니다.

일반적으로 집안의 '큰일'이라고 하면 경제적 문제일 때가 많습니다. 수입이 안정적이지 못한 가구가 점점 늘어나는 요즘은 더욱 그렇습니다. 그런데도 부모는 아이의 공부에 지장을 줄까 봐 안심시키는 말만 합니다.

"걱정 마! 하고 싶은 것 있으면 아빠 엄마가 다 해줄게."
"너는 그저 공부만 열심히 하면 되는 거야."

그러나 중학생쯤 되면 가정의 형편이나 부모님의 경제적 능력 등을 객관적으로 파악하기 시작합니다. 부모님이 자신에게 어려움을 털어놓지 못하고 허세를 부리고 있다는 사실을 알고 안타까워할 정도로 성숙한 아이들이 많습니다.

경제적인 문제는 아이의 장래 희망과 관련했을 때 두드러집니다. 진로나 장래 희망에 대한 이야기는 가족 문제를 논의할 수 있는 적절한 계기가 됩니다.

아이에게 "집이 아무리 어려워도 원하는 것은 무엇이든지 다 들어줄 테니 아무 걱정하지 말고 공부만 하라"며 전폭적인 지지와 지원을 해주는 것도 나쁘지 않습니다. 하지만 중학생 정도면 집안의 어려움이나 부모가 겪는 어려움에 관심을 가질 나이입니다. 부모도 아이의 그런 부분을 성장의 증거로 여기며 어려움을 나누고 의논하는 것이 좋습니다. 아이는 그러한 부모님의 태도를 자신에 대한 신뢰로 받아들이고, 오히려 더 적극적으로 노력하게 됩니다.

"마음 같아서는 전적으로 밀어주고 지원하고 싶지만 지금 우리 집 경제 사정이 어려워. 네가 정 하고 싶다면 이번에는 ○○만큼만 해보자. 다음 단계에는 엄마가 ○○도 할 수 있을 정도까지 준비할게. 네가 이 부분은 이해해줬으면 좋겠어. 각자 노력해보고, 또 힘을 모아서 함께 의논해보자."

이런 방식으로 이야기하는 부모에게 자기 고집만 내세우는 아이는 많지 않습니다. 당장 하고 싶은 것을 욕심껏 하고 싶은 마음이 있어도 자기의 욕구를 조절하며 현실적인 상황을 객관적으로 바라보는 능력을 가지게 됩니다.

정우는 초등학교 때부터 플루트를 배웠습니다. 중학교 3학년이 되면서 앞으로도 음악 공부를 계속하고 싶다는 뜻을 밝혔습니다.

정우 어머니는 정우가 받고 싶어 하는 레슨 비용 때문에 걱정이 많았습니다. 그러면서도 정우가 실망할까 봐 어려움을 털어놓은 적은 없다고 했습니다.

담임선생님과 함께 대처 방법을 고민한 뒤, 정우 어머니는 정우를 믿고 솔직하게 가정 형편을 이야기하고 어떻게 할지를 결정했습니다. 일주일에 하루만 레슨을 받고, 남은 기간에는 혼자서 더 열심히 연습하기로 결정한 것입니다. 어머니도 정우도 완전히 만족스러울 수는 없겠지만, 서로의 어려움과 바람을 공유하고 이해하며 최선의 결과를 만들어낸 것입니다. 지나치게 비싼 옷이나 신발 등을 사 달라고 할 때도 무조건 안 된다고 하기보다는 현재 가정의 수입 규모와 지출 규모를 공개하고, 아이에게 들어가는 교육비와 생활비, 저축 규모 등을 상세하게 이야기해주는 것이 좋습니다. 아이의 경제 개념이나 금전 감각을 키우는 데, 아이들의 공동체 의식을 다지는 데도 도움이 됩니다. 마냥 원하는 것을 달라고 말하는 어린아이에서 탈피해, 자신도 가족의 일부임을 깨닫고 가족 전체의 일에 책임을 지고 괴로움을 분담하려는 모습을 보이기 시작하는 것입니다.

직장에서 일어나는 트러블이 가정생활에까지 영향을 끼칠수도 있습니다. 이럴 때도 전후 사정을 설명해주면 아이들은부모를 이해하고 힘이 되어주려 합니다.

부모가 먼저 아이들을 자신에게 소속된 아랫사람이 아니라, 함께 가족의 일을 헤쳐나갈 동등한 가족 구성원으로 생각하는태도가 필요합니다.

원칙3 : 지속적이고 정기적인 대화 시간

중학생이 되면 초등학교 때보다 할 일이 늘어납니다. 학교 수업이 늦게 끝나고 숙제도 많아져서 집에서 차분하게 대화하는시간을 갖기 어렵습니다. 그렇더라도 2주에 한 번 정도는 꼭정기적으로 가족들이 시간을 내어 이야기하는 시간을 가지는것이 좋습니다. 특별한 일이 있을 때만 가족끼리 대화를 나누게 되면, 아이들은 가족 간의 대화를 즐거운 일로 생각하기보다는 뭔가 일이 생겼을 때 어두운 이야기를 하거나 꾸중을 듣는 시간으로 인식할 수 있습니다.

꼭 특별한 이야기를 해야 할 필요는 없습니다. 아이라면 학교에서 있었던 일, 어른이라면 회사나 모임에서 있었던 일을이야기하면 됩니다. 앞으로 있을 중요한 행사나 개인적인 일정에 대한 이야기도 괜찮습니다. 무슨 요일에 회식이 있어서귀가가 늦을 것이라는 이야기, 며칠에 생일 파티가 있어서 친구 집에 가봐야 한다는 이야기 등 무엇이든 좋습니다.

이 시간을 이용해 가족끼리 영화 관람이나 여행 계획 등을 정하는 것도 가족 간의 교류를 도와줍니다. 함께 모여 이야기할 기회가 없으면 가족이 모두 함께하는 행사 자체가 벌어지지 않습니다. 일단 모여서 이야기를 해야 "영화를 보러 가자"거나 "여행 가고 싶다" 같은 희망 사항도 나오게 마련입니다.

보다 깊은 대화가 필요하다고 생각될 경우에는 가족 모두가 모여 이야기하기보다는 아이와 일 대 일로 대화하는 쪽이 효과적입니다. 이때는 집 안에서 이야기를 나누기보다 대화를 나누기 좋은 분위기의 찻집 등 바깥 공간을 이용하는 것이 좋습니다. 이야기를 하기 위한 공간이 따로 만들어졌을 때 아이는 어른에게서 동등한 대화 상대로서 존중받는다는 느낌, 특별한 대우를 받는다는 느낌을 받습니다. 자연히 부모에 대한 친밀감도 높아집니다. 집 안에서 여럿이 대화를 할 때보다 더 많은 이야기를 나눌 수 있고, 보다 솔직하게 고민이나 문제점을 털어놓는 시간이 될 수 있습니다. 친한 친구나 형제에게도 말하지 않은 비밀을 고백하기도 합니다.

아이들은 자신을 '특별히' 신경 써주는 것을 좋아합니다. 청소년기에는 대부분의 아이들이 자기 자신을 특별한 존재라고 생각합니다. 다른 사람들이 그런 생각에 공감해주지 않으면 좌절했다가도, 자신의 성장 속도를 보며 스스로 자존감을 높이기를 반복합니다. 이런 특성을 고려해 부모가 아이를 특별하게 대접한다면 아이는 새롭게 의욕을 가지게 됩니다. 아이가 유독 침울하다 여겨질 때 작은 계기를 만들어 선물을 주거나 작은 금액이라도 특별 용돈을 주는 등 자신만을 위한 이벤트를 해주면 무척 기뻐합니다.

가족으로서의 책임, 가족으로서의 즐거움

아이도 어엿한 한 사람의 가족 구성원!

아이가 중학생이 되었을 때, 부모들은 어떤 부분에서 특히 스트레스를 받을까요? 의외로 아주 많은 중학생 부모들, 특히 엄마들이 아이 방 청소와 정리에 스트레스를 받는다고 말합니다. 중학생쯤 되었으니, 자기 방 정도는 알아서 청소하고 정리하기를 바라기 때문입니다.

자기 방 청소 하나 못 하는 아이가 나중에 무엇을 하겠느냐는 생각을 하면 한숨이 저절로 나온다고 합니다. 방 정리를 좀 하라고 하면 자기가 알아서 하겠다고 대답해놓고, 들어가 보면 도깨비 소굴입니다. 청소 좀 하라고 말하거나 방이 지저분하다고 지적하면 짜증이 묻어나는 목소리로 "아, 알았어"라고 대응합니다. 말이 길어지면 "내 방이니까 내가 알아서 할 거야. 상관하지 마!"와 같은 반응을 보입니다. 그리고 문을 닫습니다.

이때에는 아무리 훈계를 하고 타일러도 별로 효과가 없습니다. 어릴 때는 종종 집안일을 돕던 아이들도 성장할수록 집안일을 돕지 않는 것이 우리나라 가정의 특징입니다.

아이가 어릴 때부터 가벼운 집안일을 돕기 시작해, 10대가 되면 자신의 '담당 업무'를 맡는 것이 일반적인 나라도 많습니다. 집안일은 '부모의 일'이 아니라 '가족 모두의 일'이라는 개념이 확고히 자리 잡고 있습니다. 그런 나라의 아이들은 친구와 놀거나 공부를 하다가도 자신이 맡은 일을 할 때가 되었다고 생각하면 집안일을 시작합니다.

그렇다면 왜 우리나라 청소년들은 집안일을 돕지 않을까요? 우리나라 아이들이 외국의 아이들보다 게으르기 때문일까요?

그렇지 않습니다. 부모님에게 인정받기 위해 중요한 것은 공부를 잘하는 것이지, 집안일을 돕는 것이 아니라는 사실을 오랫동안 학습해 내면화시켰기 때문입니다. 성적 이외에 중요한 것이 없는 집에서, 아이가 가족 구성원으로서 할 수 있는 일은 없습니다. 그런 분위기 속에서 자라 중학생이 되었습니다.

중학생이 되고 나서도 부모님에게는 공부가 제일 중요합니다. 그런데 아이 자신에게는 중요한 일이 늘었습니다. 친구랑 통화하기, 놀러 가기, 외출할 때 어떤 옷을 입을지 고민하기 등등, 부모에게는 쓸데없어 보이는 일이지만 아이한테는 중요한 일입니다. 따라서 청소나 집안일은 여러 일들 중 가장 나중 순위가 됩니다.

이런 습관을 고치기 위해서는 가족 구성원으로서 역할을 다하는 것이 가치 있고 중요한 일임을 아이에게 인식시켜야 합니다.

'중학생, 친구 없이는 못 살아'에서 저는 아이들 각자가 학급 안에서 맡은 역할이 있다는 것, 그리고 대부분의 아이들이 그 역할에 최선을 다한다는 것을 이야기했습니다. 그 이유는 학급에서 주어진 역할을 얼마나 성실히 잘 해내는지에 따라 교사와 친구들이 자기 자신을 평가한다는 것을 알고 있기 때문입니다.

마찬가지입니다. 가족 안에서도 맡은 역할을 충실히 했을 때는 가족 구성원으로서 인정하고, 아이를 칭찬해주어야 합니다.

'방 청소 정도는 당연히 알아서 해야지' 같은 시각으로 접근하면, 아이가 청소를 하지 않을 때는 화를 내고, 청소를 하더라도 칭찬을 하지 않습니다. 부모가 보기에는 따로 칭찬할 필요가 없는 '당연한 일'이기 때문입니다. 평가의 대상이 아닌 것입니다.

게다가 공부만 열심히 하면, 혹은 하는 척만이라도 하면 청소를 하지 않았다는 이유로 책임을 추궁당하지 않습니다. 청소는 '공부만 하면' 얼마든지 회피가 가능한 일로 인식됩니다.

그러니 아이 입장에서 청소란 열심히 해봐야 칭찬은 못 받고 그 대신 조금만 소홀히 해도 혼나는 불편한 일, 공부에 비해 중요도가 훨씬 떨어지는 일로 각인됩니다. 그래서 성과와 칭찬이 눈에 드러나는 중요한 일들을 앞세우게 되고 청소와 정리 정돈 등, 일상적인 생활 습관을 바로잡는 일은 뒤쪽으로 밀려납니다.

이런 사고를 고치려면 집안일 분담에 대한 정확한 원칙을 세우고 아이와 정식으로 협의해야 합니다. 아이에게 자신이 '가족 구성원'이라는 것을 각인시키고, 집안에서 맡은 일이 다른 일들만큼 중요하다는 것을 일러주어야 합니다. 그러기 위해서는 부모가 먼저 '공부'에만 치중되는 자녀 교육관을 바꿀 필요가 있습니다.

집안일에 대해서는 1, 2주를 기준으로 구체적으로 할 일을 정합니다. 그저 "청소하라"고 막연히 잔소리하기보다 1차적으로 주중에 자기 방 청소를 맡기고, 주말에는 가족 모두가 대청소를 하도록 합니다. 대청소 시에는 쓰레기 분리수거, 빨래 돌리기, 거실과 부엌 마루 등 공동 사용 공간에 청소기 돌리기 등, 역할을 나누어서 담당을 정해주면 책임 의식을 갖게 됩니다.

　이때 청소 전체를 지휘하는 일을 아이에게 직접 맡겨보는 것도 훌륭한 교육이 됩니다. 이 시기 아이들은 다른 사람을 돕는 보조적인 역할에는 심드렁하지만, 자신이 책임을 지고 주도적으로 하는 일에는 기대 이상의 역량과 노력을 보입니다.

　알고 보면 이런 형태의 집안일 분담이 잘되지 않는 원인은 아이보다 어른들에게 있습니다. 아이는 역할을 다하려 노력하는데 어른들은 회사 일, 모임, 귀찮음 등을 이유로 점차 원칙을 어기기 때문입니다. 그렇게 되면 모처럼 의욕이 생겼던 아이는 엄마 아빠에게 실망하게 되고, 다시 집안일을 등한시하는 모습으로 돌아가버립니다. 다 같이 하기로 한 일을 못 하게 되었을 때는 사전에 이야기해 역할을 바꾸거나 다음 날 하겠다는 약속을 하고, 반드시 지키는 태도가 필요합니다.

　또 주말 청소가 지루한 일이 아닌 가족들의 즐거운 행사가 될 수 있도록 끝난 뒤에 특별한 간식을 먹거나 정기적인 용돈을 이때 주는 등 즐거운 분위기를 만드는 것도 중요합니다. 한 달에 한두 번 정도 직접 식사 준비를 담당하게 하는 것도 좋습니다.

부모와 함께하는 여행

아이들이 부모님과 가장 함께하고 싶은 것은 '여행'입니다. 꼭 거창한 목적이나 계획이 없어도 됩니다. 집을 떠나 함께 밥도 해 먹고, 새로운 환경에서 가족과 함께 재미있게 지내면 만족합니다. 여행을 계획할 때 일부러 많은 것을 배우게 하거나 교훈을 남기겠다는 목적은 염두에 두지 않아도 좋습니다.

그런데, 여행에 대한 계획을 함께 세우고 역할 분담을 하는 것은 꼭 필요합니다. 예를 들어서, 아빠는 운전, 엄마는 안전관리, 중학생은 총무를 맡아서 여행비용 총액을 전체 여행 일정에 맞게 지출을 담당하고 돈을 쓸 때는 예산 범위에서 총무와 의논하도록 하는 것입니다. 누나나 형은 전체 가족의 희망을 받아서 스케줄을 짜고 맛집을 정하고 식사 메뉴 짜기(누나와 형이 없고 동생이 있으면 동생이 주도하고 엄마가 지원하는 방식), 설거지는 순환제 등으로 역할을 정해주고 역할을 맡은 사람에게 매번 "수고했다" "고맙다"고 말해줍니다. 이처럼 여행을 통해서 비중 있는 역할을 맡아보면 아이들은 보람과 즐거움을 더 많이 느끼게 됩니다.

부모와의 추억을 쌓고 유대감과 정서적 내성을 강화하는 여행은 값으로 환산할 수 없을 만큼 효과적인 정서적 예방 주사입니다. 아이들이 공부하지 않는 가장 큰 이유는 '내가 무엇을 좋아하는지, 어떤 사람이 되고 싶은지 모르겠어서'입니다. 미래에 대한 전망이 없다는 것입니다. 딱히 관심 있는 분야도 없고, 세상에 궁금한 것도 없고, 공부를 왜 해야 하는지에 대한 심리적 준비도 되어 있지 않습니다. 그러니 공부에 의욕이 생길 리 없습니다.

성장기 청소년들이 부모와 함께 여행하면서 삶에 대해 이야기를 나누고, 새로운 지역을 탐구하는 기회를 갖는 것은 매우 중요한 공부입니다. 가족이 다 함께 떠나는 것이 힘들다면, 엄마 또는 아빠와 단둘이 가는 깜짝 여행도 괜찮습니다. 이왕이면 큰 산이나 바다 등 자연을 느낄 수 있는 곳을 목적지로 하는 것이 좋고, 가까운 곳을 가더라도 반드시 1박 이상 머무르기를 권합니다.

사람은 일상생활을 떠나서 만났을 때 한층 가까워집니다. 집이라는 일상의 공간을 떠나서 자녀와 마주 앉으면 서로를 객관적 시각으로 대하게 됩니다. 그리고 자연 속에는 사람을 더 많이 가까워지게 하는 여러 요소가 있습니다.

아이들끼리도 학교에서 어울릴 때보다 소풍이나 수학여행에서 더 깊이 친해지듯이, 가족도 집이라는 일상적인 공간을 떠나면 한층 더 친근하고 깊은 유대감을 경험할 수 있습니다. 부모와 자식이라는 관계 이전에 인간 대 인간으로 서로를 대하는 것입니다.

중학생, 아빠들의 마지막 기회

엄마가 있어서 좋다.

나를 예뻐해 주서서.

냉장고가 있어서 좋다.

나에게 먹을 것을 주어서.

강아지가 있어서 좋다.

나랑 놀아주어서.

아빠는 왜 있는지 모르겠다.

한때, 인터넷에서 관심을 모았던 초등학교 2학년 아이의 시입니다. 아빠는 가족을 위해서 열심히 일하지만 가정에서 제대로 대접받지 못하고 설 자리가 없는 현상을 보여주는 예로 많이 인용됩니다.

그런데 아빠의 존재감이 부족하면 자녀들도 가정 안에서 올바른 의미의 존재감을 느끼지 못하고 성장하게 됩니다. 가족은 '상호 관계'를 통해 존재감과 소속감을 느낄 수 있게 해주는 공동체이기 때문입니다. 다행스럽게도 초등학생과 달리 중학생은 아빠에 대한 관심과 애정을 가지는 시기입니다. 자신의 존재 근거에 대해 폭넓은 생각을 하게 되면서 이제까지 존재감이 없었던 '아빠'에게 시선을 돌리기 시작합니다.

경험의 폭이 넓어지고 하고 싶은 일이 많아지면 '일'과 '사회'에 대한 관심이 높아집니다. 자연스레 아빠의 활동에 대해서 호기심을 가집니다. 아빠가 가족을 위해서 노력하고 있다는 것을 구체적으로 이해하게 됩니다. 가족과 많은 시간을 보내지 못할 정도로 열심히 일하는 아빠의 고충에 대해서도 이해하게 되고, 그런 고충을 지지하는 이해심과 여유도 생깁니다. 때로는 아내인 엄마보다 더 아빠의 입장을 이해하는 모습을 보이기도 합니다. 때문에 아빠의 노력에 따라 그동안 소원했던 자녀와의 친밀도를 충분히 높일 수 있습니다.

중학생 아이들이 가장 필요로 하는 것은 아빠와 함께 구체적인 활동을 하는 것입니다. 아빠가 조금만 노력하면 어린 시절에 아빠의 존재감을 느끼지 못하고 성장했던 아이도 짧은 시간 안에 아빠와의 관계성을 회복할 수 있습니다. 중학생 때를 넘기면 아이를 적극적으로 돌볼 수 있는 시간도 많지 않습니다. 실질적으로 아이와의 관계성을 구축할 수 있는 마지막 기회라고 보아야 합니다.

고등학생이 되면서부터는 자기 일정으로 바빠지기 시작합니다. 가족과 새로운 관계를 만드는 데 관심을 두기보다는 불필요한 기대를 접고 관계를 정리하면서 자신의 일을 찾고 사회적 관계를 만드는 일에 몰두합니다. 아빠와 소원해진 상황이 아쉽기는 하지만 가까워지기에는 부담스러운 관계로 굳어

버릴 가능성이 큽니다.

저는 '자녀와 소통하는 아버지'라는 주제로 강의를 하러 간 적이 있습니다. 강의하러 가기 전에 학생들에게 '아버지 교육'을 하러 간다는 사실을 알리고, 자녀의 입장에서 아버지들에게 하고 싶은 말을 들어보았습니다. 아이들은 "아빠들이 그런 공부도 하냐"고 기뻐하고 신기해하면서 적극적으로 의견을 들려주었습니다. 또 그런 의견이 나온 이유까지 설명하며 아빠들에게 잘 전해달라고 당부했습니다.

"아빠들은 우리와 이야기할 때 소리 지르지 말고 차분하게 이야기해줬으면 좋겠어요."
"술 좀 많이 마시지 마세요. 건강이 안 좋아질까 봐 걱정됩니다."
"용돈 좀 올려주세요. 엄마는 물가 걱정하시는데, 우리도 뭐 사 먹을 게 없어요."
"함께 여행을 갔으면 좋겠어요."

아이들이 가장 싫어하는 것은 '아빠가 술을 마시고 밤늦게 들어와서 이야기하자고 하는 것'이었습니다. 그런 때 대체로 말이 길어지고 훈계와 당부가 이어지는데, 즐겁지도 않고 유익하지도 않다는 것입니다. 술을 마시는 것은 이해할 수 있는

데, 지나치게 많이 마시고 늦게 들어와서 아빠 위주로만 이야기를 길게 늘어놓는 것이 싫다는 것입니다.

술에 취한 상태에서는 간단히 인사만 하고 바로 들어가 쉬도록 노력합시다. '술을 부모에게 배운다'는 말이 있듯이, 어릴 때부터 접하는 부모의 술버릇이 아이들에게는 은연 중 음주 교육과 같습니다. 아이들이 아빠가 술을 마시고 들어와 주정 부리는 것을 싫어하는 이유의 근원을 파헤쳐 보면 '자신을 통제하지 못하는 어른에 대한 실망감'이 자리합니다.

아이들이 아빠에게 가장 많이 바라는 것은 '함께 떠나는 여행'이었습니다. 여러 날 동안 멀리 함께 가는 가족 여행도 좋고, 가까운 곳으로 잠깐 나들이를 하는 것도 좋다고 했습니다. 중요한 것은 아빠랑 함께한다는 것입니다.

아이들은 늘 함께 계획을 세우고 역할도 나누어서 낯선 곳을 탐색하는 여행을 하고 싶어 합니다. 새로운 환경에서 운동도 하고, 등산도 하면서 추억을 쌓았으면 좋겠다는 바람을 덧붙였습니다.

여학생들은 아빠와 공원을 산책하면서 이야기하는 것을 선호했고, 남학생들은 가까운 운동장에서 축구나 농구를 하면서 함께 땀을 흘린 뒤 돌아오는 길에 이야기를 나누고 싶다고 했습니다. 언뜻 바라는 것이 달라 보이지만 '이야기를 하고 싶어 한다'는 점은 같습니다. 중학생들은 부모의 새로운 역할을 기대하고 적극적으로 받아들일 준비가 되어 있습니다.

아빠의 역할

대부분의 아빠들은 자녀에게 힘이 되고 싶어 하며, 자녀에게 어려움이 생겼을 때 적극적으로 돕겠다고 생각합니다. 그런데 정작 어려움이 생겼을 때 아빠를 찾는 청소년들은 아빠들이 기대하는 것보다 비중이 적습니다. 자신의 고민에 대해서 아빠에게 공감받거나 도움을 받기 어렵다고 생각하는 것입니다. 2021년 여성가족부의 가족실태조사를 참고하면, 부모와 청소년의 관계에서 부모의 67.4퍼센트가 만족한다고 답변했습니다. 그리고, 청소년 자녀의 경우에는 어머니와의 관계에서 79.6퍼센트가 만족한다고 답변했으며, 아버지와의 관계에서 65.6퍼센트가 만족한다고 답변했습니다.[23]

그 이유를 학생들에게 직접 물어보자, 아빠는 자기 고민을 들어주기보다는 이야기를 다 듣기도 전에 훈계하거나 꾸중부터 하기 때문이라는 답변이 있었습니다. 그렇다면 가끔이라도 아빠가 차분하게 자신의 말을 들어주고 격려해줄 때는 어떤 느낌이 드냐고 물었습니다. 자신감이 생긴다는 아이들이 가장 많았고, 역시 내가 옳았다는 확신이 들었다고 답하는 아이도 있었습니다. 아빠의 격려는 특히 아이의 자신감에 많은 영향을 준다는 사실을 알 수 있었습니다.

중학생이 되면 대화의 영역이 넓어집니다. 사회에서 일어나는 일에 대한 기본적인 윤리 의식이나 정의감의 기준이 만들어지고, 다른 사람이 사는 방식을 관찰하며 더욱 구체적으로 자신의 가치관을 만들어갑니다. 아빠가 자신과 진지하게 대화를 나누고 경청하는 경우, 아이는 자신이 존중받고 있다는 느낌을 받고 자신감이 높아집니다. 어른이 되어서도 일정한 권위 앞에서 위축되지 않는 당당함이 내면화될 수 있습니다. 따라서 아빠의 의견에 동의하거나 반대할 수 있는 안전하고 허용적 관계를 맺는 것이 중요합니다. 아빠가 자신의 생각을 양보하고 중학생 자녀의 의견을 적극적으로 수용하는 경험에 의해 청소년들은 자신감과 용기를 갖게 됩니다.

학교에 가는 건 엄마 일?

아이가 중학생이 된 뒤에는 아빠도 아이의 학교생활에 적극적으로 관심을 가져야 합니다.

아빠가 직접 학교에 와서 담임선생님과 이야기하거나 상담을 하는 것은 아이 교육에 매우 효과적입니다. 아빠가 '회사'를 나중 일로 미루고 학교에 온다는 것은 아이에게는 그야말로 사회적인 사건입니다. 아빠가 학교에 왔다는 것만으로 아이는 특별히 보호받는다 느끼고, 보다 큰 책임감을 느끼게 됩니다.

이때 학교에 오는 것보다 중요한 것은 담임선생님을 만나고 난 뒤 절대 아이를 혼내거나 구박하지 않는 것입니다. 비록 화가 나더라도 학교생활에 어떤 어려움이 있는지, 문제를 해결하기 위해 어떤 것들이 필요한지 물어보면서 "아빠가 적극적으로 관심을 갖고 돕겠으니, 함께 노력해보자"는 방식으로 이야기를 풀어나가야 합니다. 아빠로서 너의 교육 문제에 관심을 가지고 있다는 의사를 적극적으로 표현하는 것이 중요합니다.

순간의 분노를 풀기 위해 아이를 혼내기보다는 자신의 감정을 추스르고 아이가 자신에 대한 믿음을 가지며 성장할 수 있도록 도와주십시오. 학교 방문을 아빠 자신이 그런 어른으로 성장하기 위한 계기로 삼으십시오. 그러면 아이는 반드시 더욱 멋지게 화답할 것입니다.

사랑'만' 받는 부모에서
존경'도' 받는 부모로

부모님을 사랑하지만 존경하지는 않아요

이제까지 저는 상담이나 부모 교육, 세미나 등에서 많은 학부모를 만났습니다. 일정 기간 기업이나 지역의 부모 교육을 통해서 만난 부모들에게 설문 조사를 한 적이 있습니다. 약 300여 명의 부모를 대상으로 한 이 설문 조사에서 230여 명의 부모가 "아이들에게 사랑받는 것을 넘어 존경을 받고 싶다"고 답했습니다. "아이들에게 사랑받는 것으로 충분하다"는 부모는 70~80여 명에 불과했습니다.

　중학생들에게 "너희 부모님을 사랑하니?"라고 물어보면

90퍼센트 이상이 "부모님을 사랑한다"고 대답합니다. 그런데, "부모님을 존경하니?"라고 물어보면 "사랑하지만 존경하지는 않는다"고 대답하는 학생들이 70퍼센트 수준입니다. 중학교 2학년을 기준으로 볼 때, "부모님 중 한 분만 존경한다"고 대답하는 경우도 한 학급 25명을 기준으로 볼 때 4-5명 정도입니다. 그마저도 존경하는 이유를 뚜렷하게 가지고 있기보다는 막연하게 '부모는 존경해야 한다고 배웠으니까' 하는 의례적인 이유가 대부분입니다.

우리나라 청소년들의 부모에 대한 애정도는 높지만, 인간적으로 존경하는 정도는 낮은 편입니다. 해마다 학교에서 조사해보면, 부모님을 존경하는 학생들과 자기 고민을 의논할 정도로 부모를 신뢰하는 아이들은 전체의 30퍼센트 내외였습니다.

사랑은 본능적, 존경은 사회적

'존경'이란 무엇일까요? 존경과 사랑에는 어떤 차이가 있을까요?

존경은 감성적인 정서만이 아니라 합리적인 근거를 바탕으로 한 이성적인 판단이 개입한다는 점에서 단순한 애정과는 다릅니다. 사회적으로 훌륭한 일을 한 사람의 이야기를 보고 듣다 보면 그 사람을 존경하게 됩니다. 그 사람과 개인적인 친분이 있어서가 아닙니다. 모르는 사람이라도 합리적으로 판단했을 때 존경할 만한 인물이라 여겨지면 사람들은 그를 존경합니다. 부모 자식은 자연 발생적이고 본능적으로 맺어진 관계입니다. 이 관계 안에서 부모가 자식을 위해 노력하는 모습을 보면 아이는 부모를 사랑하게 됩니다.

그러나 존경심은 조금 다릅니다. 아이들은 부모가 가족 이외에 더 많은 사람을 배려하는 모습을 보며 부모를 존경하게 됩니다. 애정이 부모-자식 관계 안에서 생겨나는 감정이라면, 존경은 부모-자식 관계의 바깥에서 생겨나는 감정이라고 할 수도 있겠습니다. 구체적으로 말하자면 자기 자신이나 가족을 위해서만이 아니라, 타인을 돕기 위해 노력하거나 지역 공동체의 발전, 사회 전체의 이익을 위해서 고민하고 실천하는 모습을 보여주어야 아이의 존경심을 이끌어낼 수 있다는 것입니다.

대부분의 부모는 자식을 사랑합니다. 자기 아이가 살아야 할 세상이 부모 자신이 살았던 세상보다 조금이라도 더 나은 곳이기를 바라는 마음은 부모라면 누구나 매한가지일 것입니다.

부모들이 자식을 사랑하는 방식에는 두 종류가 있습니다.

첫 번째는 자식을 사랑하기 때문에 오직 자식만 바라보는 부모입니다. 이런 부모는 자식만 바라보느라 세상을 바라보지 못합니다.

두 번째는 자식을 사랑하기 때문에 눈앞의 자식과 함께 자식이 앞으로 살아가야 할 세상까지 바라보는 부모입니다.

부모가 집에서 아이들을 돌볼 때는 아이만 바라보고 있지 않습니다. 아이를 주시하는 가운데 아이가 먹을 식사를 준비하고, 아이의 방을 청소하고, 아이의 옷을 빠는 등 여러 집안일을 함께 해나갑니다. 아이만 바라보고 있다가는 집 안이 엉망이 될 것이고, 집 안이 엉망이 되면 아이에게 나쁜 영향을 끼친다는 것을 잘 알고 있기 때문입니다.

세상 역시 마찬가지입니다. 모두가 내 아이에게만 집중하느라 세상이 어떻게 돌아가든 관심을 두지 않는다면 세상은 손이 닿지 않은 집 안처럼 변해버립니다. 부모는 그렇게 아이를 키우며 만족하고 행복할지도 모릅니다. 그러나 나중에 엉망이 된 세상을 감당하는 부담을 떠안는 것은 그 세상에서 살아가야 할, 너무나 사랑스러운 내 자식입니다.

아이들이 함께 살아갈 세상을 바라보고 고민하는 부모들이 많아졌을 때, 부모의 사랑은 '집'의 영역을 넘어서는 힘이 될 수 있습니다. 그리고 아이들은 이런 부모의 모습을 옆에서 지켜보고 영향을 받으며, 자연스레 부모를 존경하게 됩니다.

가끔 성인이 된 뒤 당당하게 "부모님을 존경한다" "내 인생은 부모님에게서 많은 영향을 받았다"고 말하는 사람을 보게 됩니다. 그런 사람들의 부모가 과연 인생의 중심을 '내 아이'에게만 두는 삶을 살았을지 생각해볼 일입니다.

아이와 함께 생활 반경을 넓혀간다

아이가 중학교가 입학하는 날, 부모는 아이가 훌쩍 자랐다고 느끼게 됩니다. 마냥 어린아이 같았던 자식이 이제 어엿한 '청소년'이 되어 어른이 될 준비를 하고 있다는 것이 신기하기도 하고 기특하기도 합니다. 하지만 여기서 많은 부모가 놓치는 점이 있습니다. 초등학생의 부모와 중학생의 부모는 당연히 그 역할이 달라져야 함에도, 아이의 성장에만 집중할 뿐 본인들이 성장해야 한다는 생각은 하지 않는 것입니다.

부모도 아이의 성장에 발맞춰 중학생 부모로서 변화를 준비하는 노력이 필요합니다. 아이를 내 인생에서 독립시키고, 부모도 아이로부터 조금 떨어져서 객관적으로 아이들을 바라보는 연습을 해야 합니다. 그러면 아이를 바라보는 시선을 넓혀 내 아이와 함께 살아갈 우리 아이들을 볼 수 있고, 내 아이에 대한 걱정을 넘어 내 아이가 살아갈 사회를 생각할 수 있습니다. 부모들은 아이가 자기중심적이고 이기적인 사람이 아니라 정의롭고 마음이 따뜻한, 남에게 존경받는 사람으로 성장하기를 바랍니다. 아이들도 자신의 부모가 자신의 성공에만 매달리기보다는 다른 사람까지 생각하는, 존경할 만한 부모이기를 바랍니다.

사회학자인 에리히 프롬(Erich From, 1900~1980)은 '생산적인 사람'이라는 인간 모형을 제시했습니다. 에리히 프롬은 "생산적인 사람의 사랑은 연애적 의미와 더불어, 자식에 대한 부모의 사랑, 자기 자신에 대한 사랑, 인류에 대한 사랑이 상호작용을 하면서 세계와 관계를 맺는 방식으로 이루어진다"라고 설명했습니다.[24] 생산적인 사람은 관계 맺기를 통해서 한 인간으로서 행복감을 느끼며 더욱더 안정감 있게 성장한다는 것입니다. 그러나 이러한 폭넓은 관계 맺기를 성장 과정에서 습득하지 못하는 경우, 비이성적 결과인 '자기도취'가 일어날 가능성이 커진다고 합니다. 자기도취적인 사람에게는 오직 자기 자신의 생각과 감정과 욕구만이 유일한 현실이며, 자신의 감정과 욕구를 중심으로 타인과 관계를 맺기 때문에 진정으로 타인과 교감하는 경험을 할 수 없다는 것입니다.

타인은 다른 사람이면서 동시에 나를 볼 수 있는 거울입니다. 타인은 나와 관계를 맺으면서 객관적인 판단력을 길러주기도 하며, 나의 주관성과 정체성을 확인시키기도 합니다.

아이와 함께 이웃 돕기

그렇다면 다른 사람과의 관계 맺기를 돕기 위해 부모가 아이에게 해줄 수 있는 일은 무엇일까요?

아이가 다른 사람과 교류할 수 있는 기회, 다른 사람을 상상할 수 있게 해주는 기회를 많이 만들어주는 것입니다. 봉사활동이나 청소년 행사 등에 참여하는 것도 좋고, 근처의 어려운 이웃을 위해 일정 금액을 직접 후원하게 하는 것도 좋습니다. 특히 일정한 시간 동안 하는 봉사활동은 어른들이 상상하는 이상의 효과를 가져옵니다. 말로만 설명할 때 이웃이나 타인은 막연한 '단어'로만 존재하며, 현실 속의 사람으로 다가오지 않습니다. 그러나 봉사활동이나 지역 활동 등을 통해 직접 그들과 마주하면, 함께 살아가는 타인이 현실로 다가옵니다. 실천을 통해 '타인'이라는 개념은 자연스럽게 내면화됩니다. 이는 중요한 가치관 교육입니다.

이러한 교육은 한 인간으로 정체성을 찾으며 성장할 수 있는 나침반입니다. 아이들은 자신의 정체성을 찾게 해준 부모를 자연스레 존경하게 됩니다.

영우는 매번 방학 때마다 엄마가 후원회원으로 있는 지역의 복지 시설에서 도시락 배달을 하거나 노인들에게 책을 읽어주는 봉사활동을 합니다. 방학 중 봉사활동에 대한 경험을 이야기하는 영우의 표정에는 다른 아이들에게서 찾아보기 힘든 자부심이 있습니다.

"시설 삼촌이나 이모들이 저한테 되게 잘해줘요. 삼촌이랑 이모들이 우리 엄마를 존경한대요."

"왜?"

"제가 태어나기 전부터 우리 엄마가 15년째 후원하는 단체거든 요. 엄마랑 함께 가서 아들이라고 소개하니까 할머니, 할아버지 들이 막 제 손을 잡고 고맙다고 하시더라구요."

"영우가 엄마 덕분에 기분이 좋았겠구나."

"예, 기분이 좋았어요. 엄마 말로는 많이는 못 하고 매달 조금씩 후원금 보내고 행사가 있을 때 참가해서 자리나 메우는 정도래 요. 엄마가 저도 나중에 돈 벌면 후원하래요."

"그래?"

"저도 나중에 커서 돈을 벌게 되면 엄마처럼 조금씩이라도 후 원하려고 해요."

"아들도 엄마 닮아서 멋지네."

영우가 엄마를 자랑스러워하는 이유는 무엇일까요? 영우는 엄마에게서 또래 아이들이나 자기 자신에게서는 아직 느끼고 찾기 힘든 부분, 즉 '나'라는 자의식과 개인의 관계를 넘어 더 넓은 세상을 살피는 '어른다운' 모습을 보았기 때문입니다.

부모 교육에서 만난 대부분의 부모들은 자녀가 능력 있고 성실한 사람이 되었으면 하고 바라며, 동시에 인정 많은 사람 이 되기를 바라는 마음을 가지고 있었습니다. 한 엄마가 "내 자식이라도 이기적인 사람으로 성장한다면 마음이 쓸쓸하고 얄미울 것 같다"고 말하자 다른 사람들도 고개를 끄덕이며 공감했습니다.

부모가 이웃을 돕기 위해서 정기적으로 봉사활동을 하거나 후원금을 낸다는 사실을 알았을 때 그 돈을 아깝다고 생각하는 아이들은 많지 않습니다. 만일 아이가 그 돈을 크게 아까워한다면 그 모습을 보는 부모의 마음도 썩 유쾌하지는 않을 것입니다. '우리 아이가 벌써부터 왜 이렇게 야박하게 굴까' 하는 생각이 들겠지요. 스스로의 교육 방식에 의문을 가져보는 계기가 될 수도 있습니다.

중학생쯤 되면 매달 용돈에서 일정 금액을 차감해 기부를 하자는 부모의 의견에도 동의하며 자랑스럽게 여길 정도의 판단력을 갖춥니다.

물론 이러한 활동은 쉽지 않은 일입니다. 그렇지만 한번 시작하면 이런 활동은 부모 자신의 인생을 위해서도 큰 도움이 됩니다. 내가 사는 지역에 관심을 가지는 것이 얼마나 나의 세계관을 넓혀주는 일인지 아이와 함께 체험하십시오. 무엇보다도 이런 일은 이웃과 만나 교류하는 계기가 됩니다. 요즘 많은 아이가 엄마와 아빠, 교사 외의 다른 어른을 거의 접하지 못하고 지냅니다. 따라서 어른들을 어떻게 대해야 하는지 잘 모릅니다. 마찬가지로 부모들도 자신의 아이 이외에는 다른 아이들을 접하지 못합니다. 그러다 보니 아이들은 점점 예의가 없어지고, 부모들은 점점 이기적으로 행동합니다. 이웃과의 교류는 이러한 문제를 완화할 수 있는 가장 멋진 방법입니다. 가족의 영역 바깥에 관심을 가지면 아이의 의식은 반드시 성장합니다.

중학생들이 3년 동안 이수해야 할 봉사활동 시간은 60시간입니다. 이 봉사활동 시간을 잘 이용하면 아이의 의식이 한층 성장하는 계기가 될 수 있습니다.

중학생들은 주로 학교 근처에 있는 지역 관공서들이나 병원 등에 봉사활동을 갑니다. 그러나 대부분의 관공서와 공공시설들은 이 봉사활동을 달갑게 여기지 않습니다. 중학생들은 호기심이 많아서 여기저기 기웃거리고 궁금한 점에 대해서도 거리낌 없이 물어보기 때문입니다. 관공서에서는 학생들을 위한 봉사활동 프로그램을 따로 준비하기가 쉽지 않기 때문에 크게 효용도 없는 손님 안내, 청소 등을 시키고 돌려보내는 경향이 있습니다. 아이들은 나름대로 경찰서나 소방서, 구청 등에서 뭔가 의미 있는 봉사활동을 할 수 있을 것이라고 기대하고 갔다가 청소만 하고 오기 때문에 불만이 있습니다. 가끔 몰려다니며 떠들다가 혼나는 경우도 있습니다.

중학생들에게 적합한 봉사활동은 자신이 살고 있는 지역의 사회단체에서 정기적으로 진행하는 봉사활동 프로그램에 참여하는 것입니다. 지역 사회단체에서 실시하는 노인 돕기 행사나 이웃 돕기 프로그램 등은 상대적으로 큰 보람을 느낄 수 있습니다. 또 일회적인 봉사활동으로 끝나는 것이 아니라 이후로도 지역 활동과 이웃에 관심을 가질 가능성도 커집니다. 2021년 여성가족부의 청소년통계에 의하면, 청소년들이 자발적으로 자원봉사를 했던 경험은 10명 중에 2명 정도라고 합니다.[25] 주로 아동복지시설, 노인이나 장애인 관련 복지 시설에서 봉사활동을 했다고 답변했습니다. 누군가의 도움이 필요한 사람을 가까이서 정기적으로 돌보고 돕는 청소년기의 봉사활동은 사회성 형성과 공감 능력을 형성하는 데 큰 도움이 됩니다. 사회적 약자를 멀리서 보는 것과 가까이서 만나 구체적으로 도움을 주는 것은 전혀 다른 차원입니다. 따라서 봉사활동은 매주 한두 시간이라도 6개월 이상 정기적으로, 그리고 지속적으로 하는 것이 좋습니다. 정기적으로 장기간 봉사활동을 진행하면 상대방과 깊게 만나면서 자신의 작은 도움이 상대방과 스스로를 변화시키고 있다는 점을 경험할 수 있습니다.

내가 아이를 존중할 때 아이는 나를 존경한다

청소년들의 인권 의식

청소년들의 인권을 보장하고 강화해야 한다고 말하면, 어른들은 걱정하는 경향이 있습니다. 청소년들이 버릇없게 굴고, 어른들의 권위와 영향력이 축소될 가능성을 염려하기 때문입니다. 청소년들은 청소년들대로 학생 인권이 보장되면 모든 것을 자기들 마음대로 할 수 있다고 생각할 수도 있습니다.

인권은 '사람으로서 당연히 누려야 할, 인간답게 살 권리'를 뜻합니다. 인권을 존중하는 사람은 다른 사람의 권리를 마음대로 통제할 수도 없고, 다른 사람의 자유를 마음대로 침해할 수도 없습니다. 권리와 자유를 통제하는 것은 정확한 법적 근거와 피해 사실에 대한 구체적 이유가 있을 때만 가능합니다. 통제는 뚜렷한 법적 근거와 이유가 있을 때만 가능합니다.

사회 제도적으로 청소년들의 인권을 보호하지 않으면 청소년들은 쉽게 인권의 사각지대에 처할 가능성이 커집니다. 성인과 청소년의 관계에서 청소년들이 상대적으로 약자이기 때문입니다.

10년 전만 해도 교육적 체벌은 허용되어야 한다는 논란이 있었고, 학교에서나 가정에서 가장 많은 체벌을 받는 시기가 중학생 시기였습니다. 특히, 말썽꾸러기의 대명사인 중학교

2학년 남학생들은 거의 인간으로 대우받지 못한다고 해도 과언이 아니었습니다. 학생들 중에도 "우리 반 애들은 맞아야 말을 들어요"라고 건의하는 아이들이 있는가 하면, 부모님들이 "소신껏 교육해주십시오. 때려서라도 사람 만들어주십시오"라고 말하기도 했습니다. 두 번 다시 반복되어서는 안 될 구시대의 악습입니다.

2022년은 어린이날 100주년이 되는 해였습니다. 교원단체에서는 4학년~6학년 어린이들을 대상으로 설문 조사를 했습니다. 그중에서 "내가 대통령이 된다면 제일 먼저 하고 싶은 일은?"이라는 질문에 대한 답변이 매우 인상적이었습니다. 바로, "차별금지"였습니다. 여가생활 희망 사항으로는 친구들과의 여행이 가장 많았습니다.

2021년 여성가족부의 청소년통계를 중심으로 13세~18세의 초중고 학생들의 인권 의식 설문 조사 결과를 살펴보면, 눈에 띄게 높아진 청소년들의 인권 의식을 살펴볼 수 있습니다.[26]

첫째, 성평등의식이 높아지고 있습니다.

2020년 초(4~6)·중·고등학생의 97.1퍼센트가 남자와 여자는 모든 면에서 평등한 권리를 가져야 한다고 답변했습니다. 특이한 것은 중학생이 초등학생과 고등학생보다 성평등의식이 높았다는 점입니다.

둘째, 가정 형편에 따른 차별을 반대합니다.

청소년들의 97.6퍼센트는 가정 형편에 따른 차별을 반대한다고 답했습니다.

셋째, 교육 기회의 차별을 반대합니다.

청소년들의 94.3퍼센트는 우리나라에 살고 있는 외국인들에게 내국인과 동일한 교육 기회를 제공해야 한다고 답변했습니다.

제안1 : 폭력, 지금 이 순간부터 스톱!

폭력은 체벌과 같은 물리적 압력을 행사하는 것은 물론이고 언어폭력처럼 상대방이 싫어하는 언행을 지속적으로 반복하는 것도 폭력에 해당합니다. 이러한 폭력의 정의는 어른들이 먼저 일상생활에서 실천하고, 청소년 자녀들에게도 적극적으로 교육해야 합니다. 일방적인 언행은 비록 선의로 한 경우라 할지라도, 상대방이 싫다고 표현하는 경우에 반복하면 폭력이 될 수 있다는 점을 구체적으로 공유하고 실천해야 합니다.

혹시라도 자녀에게 체벌하거나 욕설을 하고 있다면, 빨리 중단하고 사과해야 합니다. 그동안 폭력적으로 자녀를 대했던 점에 대해서는 정식으로 사과하는 용기가 필요합니다. 이는 아이에게 하여금 부모가 자신을 한 사람의 인격체로 대한다는 느낌을 강하게 주는 동시에 부모 스스로 결심을 되새기는 효과를 발휘합니다. 어떤 결심이든 혼자 생각만 하고 있어서는 실천하기 힘듭니다. 먼저 사과를 한다는 것은 용기 있는 태도입니다. 부끄럽고 어색할 수 있는 사과를 먼저 하는 부모의 모습을 보면 자녀들은 부모에 대해 애정 그 이상의 인간적 유대감과 신뢰를 느끼게 될 것입니다.

청소년기에 과도한 반항을 하거나 심한 정서 불안을 일으키는 아이들은 어린 시절 받은 체벌에 대한 분노와 소외감이 내면에 엉켜 있는 경우가 많습니다. 따라서 보다 차분하고 적극적으로 돌봐주면서 신뢰감을 회복해야 합니다. 아이들의 저항과 반항을 상하 관계에서 '불복종'이라는 시각으로 바라보면 점차 관계의 골이 깊어질 뿐입니다. 지나친 반항은 아이가 부모를 믿지 못하고 있다는 증거입니다. 부모를 믿지 못하는 이유는 아이에게보다 부모에게 있을 가능성이 큽니다. 아이들과의 관계는 평생 가야 함을 기억하십시오.

중학생이 된 자녀를 더욱 존중하고 대화로 문제를 해결하겠다고 직접 말해주십시오. 신체적 폭력을 포함한 욕설, 폭언, 따돌림 등 인간관계에서 일어날 수 있는 폭력에 대한 반대입장을 분명하게 설명해주고, 폭력으로부터 아이를 지키기 위해서 노력하겠다는 약속을 해주십시오. 그래야만 아이가 내면화된 폭력에 저항할 수 있는 힘이 생기고 다른 사람에 대한 폭력을 방관하지 않는 사람으로 성장할 수 있습니다.

보호자 중 한 사람이 아이를 폭력적으로 대하는 경우에 나머지 보호자가 방치해서는 안 됩니다. 학교 교사나 사회복지 시설의 전문가들의 도움과 지원을 받아 반드시 이를 막기 위해 노력해야 합니다. 한쪽 보호자의 폭력이 지속적이고 변화시킬 수 없는 경우에는 이혼이나 별거까지도 고려할 수 있습니다. 보호자의 한 사람이 다른 보호자의 폭력을 막아주지 못하는 무력한 모습을 보이면, 아이는 이 세상 어느 누구에게도 마음을 열 수 없는 외롭고 절망적인 상황에 놓입니다.

부모로부터 체벌을 받고 자란 아이는 학교에서도 말로 해서는 여간해서 잘 듣지 않습니다. "맞지 않으면 잘못했다는 생각이 들지 않는다"라고 말하는 아이들도 있습니다. 순간적으로 화가 나서, 아이를 편하게 다루려고 별생각 없이 가한 체벌이 아이에게 노예와 같은 정신을 심어준다는 것을 많은 부모가 염두에 두었으면 좋겠습니다. 어느 시기이든 체벌은 좋지 않지만, 자아 정체성과 가치관을 활발하게 만들어가는 중학생 시기의 체벌은 아이를 폭력적인 인간으로 성장하도록 내면화할 수 있습니다.

아이들은 강압이 아니라 스스로 마음을 먹고 선택한 행동을 통해서 변화합니다. 그렇다면 아이들은 어떨 때 스스로 변하겠다는 생각을 하는 것일까요? 자신이 소중한 인간이라는 생각이 들 때, 자신을 함부로 대하지 않고 조심스럽게 자신을 아껴야겠다는 생각이 들 때입니다. 그러나 부모로부터 폭력적인 체벌을 당하는 아이들은 이런 생각을 하기가 매우 힘듭니다.

모든 부모가 교육 전문가면 좋겠지만 현실은 그렇지 못합니다. 원한다면 누구든 아이를 낳고 키울 수 있지만 아이를 키우는 방식의 옳고 그름은 오랫동안 공부를 하면서 배워야 합니다. 혼자 하기가 어렵다면 전문가의 도움을 받으면 좋겠습니다.

교육적 체벌은 없습니다. 문제가 발생했을 때 아이와 대화를 통해 해결하려고 노력해야만 부모와 아이가 새로운 협력 관계로 다시 만날 수 있습니다.

정원이는 학급에서도 자기보다 약한 아이들을 때리고 욕하는 말썽꾸러기였습니다. 아이의 폭력성은 부모가 원인인 경우가 많습니다. 고민하던 저는 정원이 부모님과 면담을 하기로 했습니다.

정원이와 정원이 부모님을 잠깐 교무실에 기다리게 하고 상담실 열쇠를 가지러 갔다 오니, 교무실에 있어야 할 아이와 아버지가 보이지 않았습니다. 한참을 기다리니, 정원이와 정원이 아버지가 들어왔습니다.

그런데 이게 어찌 된 일일까요? 정원이는 빡빡머리를 하고서 울고 있었습니다. 저는 당황해서 말했습니다.

"왜 갑자기 아이 머리를 이렇게……."

"선생님 나가시고 나서 다른 선생님이 지나가다가 머리 꼴 좀 보라고 하시지 뭡니까?"

우리는 상담실로 이동했습니다. 저는 먼저 정원이를 타이른 뒤 다시는 다른 아이들을 괴롭히지 않겠다는 약속을 받고 교실로 보냈습니다. 그 뒤 정원이 아버지와 단둘이 마주 앉았습니다. 아버지는 이렇게 말했습니다.

"선생님, 공부 잘하는 것은 바라지도 않아요. 저놈을 때려서라도 사람 좀 만들어주십시오. 그래도 제 아들이 저보다는 나은 삶을 살아야 하지 않겠습니까?"

"아버님, 정원이는 심성이 나쁜 아이가 아닙니다. 약속을 했으니 지키려고 노력할 겁니다. 아버님께서는 정원이를 때리는 것을 멈춰주세요."

"제가 패고 겁을 주니까 이 정도라도 학교를 다니는 겁니다."

"아버님. 정원이가 다른 친구들과 말로 대화를 못 하고 자꾸 폭력을 사용하는 이유가 무엇인지 생각해보셔야 합니다. 정원이는 대화로 의사소통을 하고, 대화로 분노를 풀어내는 방법을 배워야 합니다. 아버지가 폭력으로 문제를 해결할 수 있다고 생각하시듯이 정원이도 그렇습니다. 폭력으로 문제를 해결할 수 있다고 생각하면 자꾸 폭력을 쓰게 됩니다. 폭력은 안 됩니다. 정원이를 좀 더 따뜻하게 대해주십시오."

"제 자식 제가 알아서 가르치겠다는데 선생님께서 왜 간섭을 하십니까?"

"아이를 병원에 데려가면 의사가 아이 부모님께 약을 처방해주지 않습니까? 저는 정원이 담임선생님으로서 교육적 방법을 말씀드리는 겁니다. 때려서는 절대 정원이를 사람 만들 수 없습니다. 제가 더 많이 정원이에게 관심을 갖고 돕겠다는 약속을 하겠습니다. 정원이도 약속했습니다. 저와 정원이가 약속했으니 아버님께서도 폭력을 멈추겠다고 약속해주세요."

"말로 해서 듣지를 않으니 때려서라도 나쁜 짓은 못 하게 하려고……. 참말로 저놈 키우는 일이 저도 힘이 듭니다."

"아버님도 힘드시겠지요. 하지만 아버님. 아버님은 정원이를 때리면 화가 좀 풀어지실지 모르지만 정원이는 아버님께서 때려도 갈 곳이 없습니다. 정원이는 얼마나 비참하겠습니까? 그런 마음이 계속 쌓이다 보니 조금만 다른 사람이 자신을 무시한다고 생각하면 참지 못하고 소리를 지르고 주먹을 휘두르는 것입니다. 정원이가 친구들하고 싸우는 것은 자신의 존재를 확인하는 과정입니다. 정원이는 아버지가 매를 들기 시작하면 죽음의 공포를 느낀다고 했습니다. 아버님, 정원이가 폭력의 세계에서 살기를 원하지 않으신다면 아버지께서 폭력을 멈추셔야 합니다."

그날 이후, 정원이 부모님은 저의 추천을 받아 부모 교육과 관련한 책을 몇 권 읽었고, 두 달에 한 번씩 학교를 방문해 정원이의 학교생활을 공유했습니다. 정원이 아버지가 아들을 잘 키우기 위한 공부를 시작하고, 대화를 늘려가면서 정원이는 표정이 밝아지고 아이들과의 싸움도 줄었습니다. 아이들에게는 노력을 요구하면서도 부모인 나는 쉬운 방법만 택하려 한 적은 없습니까? 때리는 건 감정에 몸을 맡기는, 가장 쉬운 방법입니다. 쉬운 방법을 택하려 하지 말고, 이성적으로 노력하려 해야 합니다.

제안2 : 자녀와의 대화 수준 높이기

아이가 자라는 단계에 맞춰 대화의 수준을 높여주어야 아이의 정신도 성장합니다.

초등학생은 부모에게 정서적으로 의존합니다. 보호받기를 원하고, 자신을 보호해주는 부모님에 대한 감사와 존경의 마음을 가집니다.

그런데 중학생이 되면 부모라는 이유만으로 부모를 존경하지는 않습니다. 중학생은 세상에 의미를 남길 수 있는 활동이 무엇인지, 무엇이 옳고 그른 것인지에 대한 고민을 시작하는 시기입니다.

때문에 중학생부터는 '가족'이라는 울타리를 넘어서는 관점에서 부모를 바라봅니다. 부모를 어느 정도 객관적으로 바라볼 수 있게 됩니다. 부모가 대화를 통해서 보여주는 의식과 책임감, 정의감 등에 따라서 부모에 대해서도 나름대로 평가하기 시작하는 것입니다. 이러는 과정에서 부모를 한층 존경하거나 사랑하게 되기도 하고, 부모에게 실망하기도 합니다. 사회와 법, 제도, 원칙에 대한 관심도 늘어납니다. 따라서 부모님이 사회 문제에 어떤 관점을 가지고 어떤 일을 실천하는지에 대하여 은근히 관심이 높습니다. 부당한 압력에 대하여 굴복하지 않고 올바른 가치관을 지켜나가려 애쓰는 사람에게 열광하기도 합니다. 반대로, 부모가 사회 문제에 대해 전혀 관심이 없거나 무지한 모습을 보이면 내심 부모를 무시하거나 부모에게 실망하기 시작하는 것도 이때부터입니다.

초등학생과 달리 중학생의 사회화 교육은 개인적인 이해관계를 넘어서 공동체의 이해관계에 대한 인식과 이해에 바탕을 두고 이루어집니다. 또래 집단을 구성해 몰려다니는 것도 공동체의 힘을 본능적으로 알고 있기 때문입니다. 이때 충분한 가치관 교육이 뒤따라야만 아이들이 '집단의 힘'을 올바른 방향으로 사용하는 법을 배웁니다.

개인 중심 의식이 공동체 중심 의식으로 발전하기 때문에 부모에 대한 의존심이 약해지고, 자신에 대한 믿음이 커져 부모에게서 독립하고 싶은 욕망이 강해집니다.

이때 아이들이 배워야 할 중요한 과제는 2단계 사회화입니다. 1단계 사회화가 주변 사람들과 어울리기 위한 것이라면, 2단계 사회화는 공동체 안에서 자신의 삶을 책임지며 살아가기 위해서 자신에 대한 정체성과 믿음을 가지고 성장하는 것입니다.

2단계 사회화를 위해서는 부모나 교사 등 주변 어른들이 바람직한 역할 모델로서의 모습을 보여주는 것이 가장 효과적입니다. 아이와 가끔이라도 '집 밖'의 소재에 관해 이야기를 나누는 것은 훌륭한 사회화 교육입니다. 가족 간의 대화는 늘 아이의 성적, 아이의 공부 일정, 아이의 친구 관계, 엄마나 아빠의 일정이나 집안 행사 등 '집 안'의 일에만 치중되기 쉽습니다. 자연스럽게 최근에 회사에서 일하며 있었던 갈등, 학교에서 있었던 갈등이나 부당한 일 등에 대해 이야기를 나누고 "너라면 어떻게 할래?" "너는 어떻게 생각하니?" 같은 질문을 해 의견을 구하면 아이는 일단 부모가 자신의 의견을 구했다는 자체에 기쁨을 느낍니다. 동등한 입장으로 존중받았다는 느낌을 받기 때문입니다. 그런 대화에서 시작해 사회적 이슈가 되고 있는 사건 등에 대해서 이야기를 나누는 것이 어색해지지 않는 정도까지 나아가면, 이보다 훌륭한 시사·논술 교육이 없을 것입니다.

제가 만나온 많은 부모는 아이가 '삶에 대한 주인 의식을 가진, 성실하고 책임감 있는 사람'으로 자랐으면 좋겠다고 했습니다. 특히 아빠들이 '자신감이 있고, 할 말은 할 수 있는 사람'으로 자랐으면 좋겠다는 말을 많이 합니다. 아이가 그런 사람으로 자라기를 바란다면 "공부하라"는 일방적인 전달 방식의 대화를 넘어서 서로의 의견을 나눌 수 있는 쌍방향 대화를 일상화해, 생각하는 능력을 일깨워주어야 합니다.

아이가 사회적 주제로 이야기를 꺼내려 하면 "너와 상관없는 일에는 신경 꺼라" "쓸데없는 생각 말고 공부나 해라" 같은 대답을 한다면, 아이는 부모에 대한 존경심을 잃게 됩니다. 부모를 이기적인 사람, 사회에 대한 관심이 없는 사람으로 보거나, '부모님은 이런 일에 대해 잘 모른다'고 생각하게 됩니다.

아이는 이제 초등학교를 졸업하고, 본격적으로 심화 학습을 시작했습니다. 아이의 지적 능력이 향상되는 시기인 만큼, 아이와 이야기를 나누기 위해서는 부모도 공부해야 합니다. 함께 공부한다는 생각으로 아이와 같은 책도 읽고, 아이와 함께 여러 문화 활동도 하면 대화 소재가 생길 뿐만 아니라 서로의 관계를 돈독히 하는 데도 큰 도움이 됩니다.

부모, 나 자신을 사랑하라

40대 부모와 10대 청소년

중학생의 정서 구조를 이해하자

자녀가 중학생이 될 때쯤, 부모들의 연령은 대체로 40대 전후가 됩니다. 40대는 사람의 생애에서 가장 왕성하게 활동하는 시기입니다. 가정에서나 일터에서나 중심적인 역할을 합니다. 이제 인생이 무엇인지, 세상을 살아가는 데 중요한 것이 무엇인지 안다고 믿습니다. 최선을 다해 살아왔다는 자부심, 자신이 일하고 있는 분야에 대한 성취감도 있습니다.

그런 와중에 부모들은 자신의 청소년 시기를 돌아보게 되는데, 아쉬운 점이 한둘이 아닙니다. '그때 좀 더 열심히 했더라면 지금은 더 잘살고 있을 텐데'라는 후회가 많이 듭니다. 그러니 아이만은 같은 후회를 하지 않도록 최대한 많은 기회와 혜택을 주고 싶어집니다. 부모들은 청소년 시기에 어떤 능력을 갖추어야 앞으로의 인생에 도움이 될지 자신이 알고 있다고 믿습니다. 나아가서 자신이 아이를 잘 '관리'하면, 아이가 자신과 같은 시행착오를 겪지 않고 더 성공적인 삶을 살 수 있을 것으로 판단하기도 합니다.

대다수 부모는 자신이 자녀에게 나름대로 최선을 다하고 있다고 생각하는 경향이 있습니다. 또, 본인이 자식에 대해서 잘 알고 있다고 믿습니다. 그러나 이는 어린 나이의 순종적인 자녀의 모습만을 바탕으로 한 생각일 때가 많습니다.

안타깝게도, 40대 전후의 부모가 갖는 이러한 생각들은 이제 막 청소년 시기에 들어선 아이가 부모로부터 심리적으로 독립하는 데 걸림돌이 됩니다. 자신의 인생에 대해 부모가 자기 자신보다 더 많은 확신을 가진다는 느낌, 자기에게 숙제를 내준다는 느낌이 들면 청소년들은 부담감을 느끼고 좌절하기도 합니다. 부모의 기대에 부응해야 한다는 부담감, 그 기대에 미치지 못했을 경우의 좌절감, 자신이 부모에게 휘둘려서 노예처럼 살아가고 있는 것은 아닌가 하는 걱정을 하게 됩니다.

중학생의 정서적 세계는 이분법적 구조를 가지고 있습니다. 사랑받는 자와 사랑받지 못하는 자, 힘센 자와 약한 자, 독립을 얻는 자와 노예로 남는 자……. 아이들은 후자가 되지 않기 위해 어른들이 생각하는 것보다 많은 노력을 기울입니다.

정서적으로 부모와 분리되어 자신의 영역을 구축하는 자아 정체성을 추구하는 것이 우선적인 발달 과제가 되는 시기이기 때문에 다시 어린애가 되어서 부모님의 지배를 받게 될까 봐 걱정하는 면이 있습니다. 또한, 여전히 어린애처럼 부모님의 사랑과 관심을 받고 싶은 욕구를 동시에 가지고 있습니다. 그래서 자신과 다른 사람을 비교하거나 자신의 존재감을 약화시키는 말 한마디에도 예민하게 반응하고 필요 이상으로 격렬하게 반항하는 것입니다.

자녀와 부모는 다르다

부모에게도 부모가 있습니다. 일반적으로 중학생들의 할머니, 할아버지는 60~70대가 됩니다. 중학생들의 부모 세대인 40대는 성장하면서 겪었던 사회적 상황, 교육 과정 등 여러 환경적인 요소가 60~70대와 다릅니다. 현재의 60~70대가 우리나라의 고도성장기를 주도했던 세대라면, 40대는 외환위기를 겪었으며 비정규직이 확대되는 사회적 변동을 겪었던 세대입니다. 그렇기에 두 세대는 서로를 완전히 이해하기 힘듭니다. 양쪽 모두 자신이 겪었던 일, 자신이 살아왔던 환경을 바탕으로 상대를 보려 하기 때문입니다.

지금의 40대가 10대를 바라볼 때도 마찬가지입니다. '내 어

린 시절'만을 기준으로 현재를 살아가는 아이를 판단해서는
안 됩니다. 그런데도 많은 부모는 자신의 경험, 자기 생각만을
기준으로 아이의 인생에 개입하려고 합니다.

생각해보십시오. 이 책을 읽는 부모님에게도 시행착오를 겪
었던 적이 있을 것입니다. 기쁨과 슬픔, 좌절을 모두 느껴보았
을 것입니다. 이는 아무리 부모가 개인적으로 애써도 막을 수
없는 삶의 과정입니다. 자녀들도 경험을 통해 여러 가지를 배
우고 지금의 부모처럼 성장하게 됩니다. 부모가 할 일은 이 과
정을 지켜보고, 필요할 때 애정 어린 도움의 손길을 내미는 것
입니다. 시행착오를 줄여주겠다고 아무 때나 지나치게 개입한
다면 청소년들은 부모로부터 존중받지 못하고 있다고 생각하
고 부모를 신뢰하지 않게 됩니다.

아이의 인생은 아이의 것입니다. 성공과 실패를 두루 거치
면서 자신의 스스로 삶을 만들어가야 합니다.

간혹 자신이 이루지 못한 꿈을 아이가 대신 이루어주기를
바라는 부모도 있습니다. 그러나 이루지 못한 꿈은 부모의 것
입니다. 아쉬움도 슬픔도 본인 스스로 감당해야 합니다. 자식
을 통해서 대리만족하려는 욕망에 빠져들지 않아야 합니다.

자식을 통한 욕망 채우기는 무척 유혹적이며, '자식을 위한
일'이라는 자기합리화를 할 수 있기 때문에 특히 조심해야 합
니다. 이것이 정말 '자식을 위한 일'인지 '자신을 위한 일'인지

항상 냉정함을 잃지 않고 판단할 필요가 있습니다.

청소년에겐 자신이 선택한 자신의 꿈을 꿀 권리가 있습니다. 부모는 자녀가 올바른 선택을 하도록 도울 수 있고, 더 많은 경험을 할 수 있도록 지원할 수는 있지만 부모의 꿈을 대신 이루게 할 수는 없습니다. 부모의 꿈을 대신 이루는 데 소중한 청소년기를 바친 사람은 행복할 수 없으며, 길게 보면 부모에게도 결코 유익하지 않습니다. 아이 스스로 부모의 꿈과 같은 꿈을 선택하는 경우가 아니라면 절대로 강요해서는 안 됩니다.

프랑스의 정신과 의사인 장 다비드 나지오는 부모에게 중요한 조언을 합니다.[27]

"자녀에 대한 부모님의 반응은 자신의 못다 이룬 꿈을 자녀가 대신 이뤄주길 바라는 마음에서 비롯된다는 것을 기억하셔야 합니다. 현실을 받아들이시고, 자녀를 있는 모습 그대로 사랑하십시오. 지금의 자녀 모습이 부모가 꿈꾸었던 자녀의 모습이 아니라는 사실도 받아들여야 합니다. 이제 부모님은 두 가지와 이별해야 합니다. 첫째는 이제 훌쩍 성장해버린 자녀의 유년기와 작별을 고하시는 것이고, 둘째는 생각이 건전하고 별문제 없이 가족과 가족의 가치관을 존중하는 그런 이상적인 청소년에 대한 환상도 떠나보내셔야 합니다."

어른들은 아이를 위해 자신이 얼마나 희생하고 양보하고 있는지 말하기를 좋아합니다.

"내가 누구 때문에 이렇게 살고 있는데……."
"너에게 많은 것을 바라는 것도 아니고, 그저 공부 좀 하라는 건데, 그것도 못 해줘?"
"다 너를 위해서 이러는 거야. 대학 갈 때까지만 참고 공부해."
"엄마는 너만 바라보고 살아."

그러나 아이들은 이렇게 생각합니다.

"그러니까 부모님은 부모님께서 살고 싶은 대로 사시라고요."
"나한테 자기들이 이상적으로 생각하는 사람처럼 되라고 하세요. 저는 그렇게 완벽한 사람이 될 수 없는데요."
"그렇게 공부하는 것이 좋으면 엄마, 아빠가 직접 공부하면 되잖아요. 인생 100세라는데, 공부가 그렇게 좋으시면 지금부터 해도 늦지 않을 것 같아요."
"그러니까 하고 싶은 일 하시면 되잖아요."
"친구도 없으세요? 친구도 만나러 가시고 좀 재미있게 사세요."

내 기대를 충족시켜주는 자녀가 아니라, 있는 그대로의 자녀를 바라보고 사랑하겠다는 다짐이 필요합니다.

보편적인 가치관만 걸러서 원칙으로 남기고, 나머지는 아이가 스스로 선택하고 경험할 수 있도록 지켜보는 용기도 필요합니다.

부모가 바라는 방향이 아니라 자신이 원하는 방향을 찾아가다 보면 가족과 충돌할 수 있습니다. 이것을 인정하십시오. 부모가 살아온 방향과는 다른 삶을 살 수 있다는 것을 인정해야합니다.

부모 자신을 위한 시간이 필요해

청소년들이 싫어하는 부모의 유형 중 1등은 단연 '집착형 부모'입니다. '집착형 부모'란 자녀의 생활에 지나치게 개입하며 자녀에게 지나친 관심을 기울이는 부모를 뜻합니다. 말 그대로 사랑을 넘어 집착에 가까운 모습을 보이는 부모입니다.

이런 부모는 아이가 집에 있을 때면 일거수일투족을 관리하고, 외출해 있는 동안에도 지속적으로 무엇을 하고 있는지 확인합니다.

"너 지금 어디야?"

"너 누구랑 같이 있어?"

"너 지금 뭐 하고 있는지 사진 찍어 보내라."

집착형 부모의 자녀들은 외출해 있는 동안에도 부모와 함께 있는 듯한 착각을 일으킬 정도로 "답답하다"고 말합니다.

"제가 부모님께 숨기는 것이 아니라요, 적어도 사생활이라는 게 있잖아요?"
"나에 대한 모든 것을 알고 싶어 해요. 솔직히 휴대폰 문자나 이메일 내용까지 보고 싶어 하는 것은 못 참겠어요."

거듭 강조하지만, 청소년 시기의 가장 큰 과제는 부모로부터 정서적으로 분리되는 것, 심리적으로나 물리적으로나 혼자서 살아갈 수 있도록 독립 훈련을 하는 것입니다.

마찬가지로 청소년을 둔 부모의 가장 큰 과제는 자녀를 떠나보낼 준비를 하는 것입니다. 부족하면 부족한 대로 존중하고, 자녀가 도움을 요청하면 기꺼이 도와줄 수 있는 적정 거리를 유지하는 데 주의를 기울일 때입니다.

이제까지 아이를 키우는 데 모든 신경을 집중해왔습니까? 고개를 들어 자신을 둘러보세요. 사회적 관계를 맺는 통로가 오직 자식밖에 없는 것은 아닌지요?

아이가 중학생이 되는 동시에 부모는 자신의 사회적 활동을 새롭게 준비해야 합니다. 자녀에게 들어가는 교육비의 일정 금액을 부모의 자기 계발 비용으로 사용하는 것도 적극적으로 고려해볼 일입니다.

심리학자인 웨인 W. 다이어는 인생을 행복하게 살기 위해서는 단단한 결심이 필요하다고 합니다. 그는 자녀의 행복을 위해서 부모에게 다음과 같이 충고합니다.[28]

"(……) 만약 부모가 자녀를 자신보다 더 중요하게 여긴다면 그 부모는 전혀 도움이 안 되는 부모라는 사실이다. 이는 자녀들에게 자신보다 다른 사람을 우선시하거나 역량을 제대로 발휘하지 못한 채 골방만 차지하도록 가르치고 있는 셈이다."

자녀가 성장할수록 부모의 여유 시간은 늘어납니다. 자식만 바라보는 데 쓰기에는 아까운 시간입니다. 인생의 중반을 넘기는 자신의 삶을 돌아보고, 나 자신의 발전을 위해 무엇을 해야 할지 생각하시고 행동에 옮길 때입니다. 엄마 아빠가 하는 일이라면 뭐든 대단하고 옳다고 생각하는 초등학생 때와 달리, 중고등학생은 역할 모델로서의 부모를 냉정하게 평가합니다. 나이를 먹어도 계속 책을 읽거나 배움을 추구하거나 또 다른 취미 생활을 찾아 매진하는 부모를 가까이에서 보는 것은 설교보다 효과적인 교육이 됩니다. 아이가 책을 읽기를 바란다면 아이에게 책을 읽으라고 말하기보다는 부모가 먼저 독서하는 모습을 보여주는 것이 효과적이라는 뜻입니다.

사람은 사회적 존재입니다. 부모도 예외가 아닙니다. 한 인간으로서 사회적 관계를 맺고 인정받아야 성장할 수 있습니다. 사회, 경제, 문화 등 세상 돌아가는 일을 공부하면서 이웃이나 친구와 관계를 맺도록 노력합시다. 그러지 않으면 자녀가 싫어하는 '집착형 부모'가 될 가능성이 점점 커질 뿐입니다.

그리고 이런 계획을 아이에게도 이야기하는 것이 좋습니다. 엄마나 아빠가 "늦었지만 ○○공부를 하고 싶다" "오늘부터 엄마는 ○○를 배워보려고 한다"라고 말한다면, 청소년 자녀는 가장 적극적인 지지자가 되어줄 것입니다.

내 안에 남아 있는 어린아이 보듬기

부정하고 싶은 나의 어린 시절

"나는 내 아이가 저런 애가 될 거라고 생각해본 적이 없어요."
"우리 아이에게서 나의 단점을 보는 것을 참기 힘들어요."
"아이가 눈치를 보거나 징징거리는 모습을 보면 나도 모르게 화가 나요."

많은 부모가 아이에게 친절하게 대하겠다고 다짐하지만, 아이와 이야기를 하다 보면 자기도 모르는 사이에 화를 내고 있다고 고백합니다. 아이가 눈앞에 없을 때, 아이를 혼내고 난 직후에는 '앞으로 아이에게 상냥하게 대하겠다'고 마음을 먹지만 도저히 고칠 수가 없다는 것입니다. 왜 아무리 다짐해도 고쳐지지 않는 것일까요? 아이에게 문제가 있는 것일까요, 아니면 부모인 내게 문제가 있는 것일까요?

예시로 든 말들이 100퍼센트 아이를 향한 말로 해석해서는 안 됩니다. 저런 말들은 자신의 어린 시절을 사랑하지 못하는 어른이 부모에 대한 원망을 폭발시키는 말, 자신의 어린 시절을 부정하는 말이기도 합니다. 또한 사랑하는 자녀에게서 기억하고 싶지 않은 자신의 어린 시절 모습을 발견했을 때 거부감을 나타내는 표현이기도 합니다. 말하는 사람 스스로도 깨닫기 힘든 내면의 목소리입니다.

우리의 가치관과 삶의 방식에는 부모의 영향이 강하게 배어 있습니다. 내가 부모의 삶의 방식을 좋아하거나 싫어하거나 관계없이 부모님은 나에게 몸, 살아가는 방식, 삶을 대하는 시선을 물려주었습니다. 그러다가 어른이 되면서 나의 삶은 부모의 삶으로부터 분리되고, 이제는 부모와 많은 면에서 달라졌다고 생각하면서 살아가게 됩니다.

그런데 아이를 낳고 키우다 보면 자연스럽게 자신 역시 부모님이 하던 방식으로 아이를 돌보고 교육하고 있음을 깨닫습니다. 부모의 좋은 부분은 물론, 내가 싫어했던 모습조차도 똑같이 되풀이하는 자기 자신을 발견하게 되는 것입니다.

미국의 정신과 의사인 W. 휴 미실다인은 성인이 된 부모의 내면에 남아서 말썽을 일으키는 어린 시절에 '내재 과거아'라는 이름을 붙였습니다. 그리고 부모가 된 어른이 자신의 어린 시절을 돌아보고 남아 있는 상처를 치유해야 더 건강한 부모 역할을 할 수 있다고 설명했습니다.[29] 내재 과거아, 또는 자기 안의 어린 시절을 직면해야 하는 이유는 부모를 원망하고 책임을 묻기 위해서가 아닙니다. 어린 시절을 돌아보고 치유하는 과정을 통해 지금 나 자신에게 영향을 끼치고 있는 부모의 역할을 극복하기 위한 것입니다.

내 부모가 싫어했던 나의 모습, 내가 바꾸고 싶어 했던 나의 모습을 내 아이가 가지고 있습니다. 더 나아가 내가 어릴 때보다 더 나쁜 모습으로 저항하고 반항하기까지 합니다. 그런 모습을 보고 부모는 충격을 받고, 자기도 통제할 수 없을 정도의 불안과 분노를 느끼고 맙니다.

이때 해야 할 것은 아이에게 화를 내는 것이 아니라, 마음속 깊은 곳에 여전히 생생하게 살아 있는 내 부모의 모습을 극복하는 것입니다. 부모에게서 나에게, 그리고 이제 나에게서 나의 자녀에게로 이어지는 분노와 원망의 끈을 끊어버리기 위해서 배우고 성장하는 것입니다. 나의 나쁜 모습이 더는 내 아이에게 전해지지 않도록 말입니다.

아이의 눈물을 닦아주는 어른

저는 한 젊은 아빠를 알고 있습니다. 그의 아버지는 열심히 일했지만 늘 가난했고 술을 많이 마셨습니다. 그의 아버지에게 희망은 어린 아들밖에 없었습니다. 그래서 그의 아버지는 술만 마시면 어린 아들에게 과도한 기대를 표현했고, 설교를 늘어놓았습니다. 아버지가 정한 기준에서 조금이라도 어긋나면 심한 체벌을 받았습니다. 그도 초등학생 때는 아버지의 기대에 따라 공부도 열심히 하고 순종적으 로 행동했지만, 중학생이 되면서부터는 아버지에게 반항하고 말썽을 부리기 시작했습니다. 그러자 아버지는 더욱 심한 체벌을 가했습니다. 그러나 체벌로 교정할 수 있는 것들은 거의 없어서 그는 고등학교를 졸업할 때까지 말썽을 부리고 가출을 일삼았다고 합니다.

어른이 된 그는 사랑하는 사람을 만나서 결혼했습니다. 그리고 아이가 생겼습니다. 그런데 이 젊은 아빠는 태어날 아기를 상상하는 순간 지난 시절 아버지의 체벌이 가장 먼저 떠올랐다고 합니다. 젊은 아빠는 혹시 자신도 아버지처럼 아이를 체벌하는 인간이 되는 게 아닌가 하는 두려움에 휩싸였습니다. 그래서 그는 부모 역할 교육 프로그램에 참여했습니다.

이 젊은 아빠는 교육을 받으면서 인간의 발달 과정과 아이의 심리를 이해하게 되었습니다. 그는 자신의 어린 시절을 돌아보면서 많이 울었다고 합니다. 그가 교육 기간 가장 많이 한 일은 자신의 내면에서 울고 있는 어린 자신의 모습을 마주보고 눈물을 닦아주는 일이었습니다.

자신을 돌아보는 것, 자신의 어린 시절을 사랑하는 것은 자신의 자녀를 사랑하기 위한 준비 과정입니다. 그 젊은 아빠는 자신의 어린 시절의 상처를 치유하고 자신을 진정으로 사랑하는 법을 배우며 부모로서의 삶을 준비했습니다.

내 아이의 어린 시절을 보다 행복하게 만들어주고 싶다면 내가 부모로부터 배운 방식을 넘어서 더 풍부한 사랑을 실천해야 합니다.

그러기 위한 첫 번째 단계가 바로 자신의 내면에 남아 있는 아이를 이해하고 달래는 일입니다. 이 과정을 거친 사람은 자기 자신과 자녀의 마음을 들여다보는 너그러움과 여유를 갖게 됩니다.

이 일은 비로소 부모로부터 분리되어 보다 완전한 어른이 되는 성장 단계이기도 합니다. 자신의 어린 시절과 마주하는 경험을 한 사람은 그렇지 않은 사람에 비해 자기 주변에 있는 아이를 더 많이 사랑할 수 있는 힘을 갖게 됩니다.

부모에게 제대로 사랑받지 못한 서운함을 극복하지 못하는 경우, 원망과 서운함은 피부에 박힌 가시처럼 상처로 남습니다. 그 가시는 부모 자신도 모르는 사이에 어린 내 아이에게 화를 내고 모질게 대하는 원인으로 작용할 수 있습니다.

부모가 자식을 진심을 다해 사랑하고, 밝고 건강한 관계를 맺기 위해서는 부모 자신을 먼저 사랑하고 자신의 어린 시절을 보듬는 일부터 시작해야 합니다.

부모와의 화해

청소년을 키우는 부모가 되면, '사람은 환경에서 자유롭지 못하다'는 사실을 뼈저리게 깨닫게 됩니다. 하지만 이성과 감정은 별개입니다. 자기 계발이나 마음 보듬기는커녕 먹고살기 바빴던 부모님의 어려움을 머리로는 이해하지만, 충분히 사랑받고 존중받지 못한 자신의 어린 시절에 대한 기억들이 아프게 다가오기도 합니다. 그러나 나의 부모 또한 존중받지 못한 어린 시절이 만들어낸 피해자라는 사실을 이해해야 합니다. 나의 부모님 역시 자신의 부모에게 배운 교육 방식을 어린 나에게 되풀이했던 것입니다.

나 자신의 어린 시절을 마주하는 것이 첫 번째 단계라면, 부모의 삶을 인정하고 위로하는 것은 진정한 어른으로 성장하는 두 번째 단계입니다. 우리의 부모님들은 마음이야 어떻든 애정 표현이 무척 서툴렀습니다. 직접적으로 사랑한다고 말하거나 일상적으로 포옹을 나누는 집은 보기 힘들었습니다.

청소년인 내 아이에게도 "사랑한다" "고맙다"라고 수시로 표현하고, 부모님께도 안아드리고 사랑한다고 말씀드리는 용기가 필요합니다. 부모에게 사랑을 표현하는 것은 부모님께 사랑의 마음을 표현하는 것이기도 하고 자신의 청소년 시기를 위로하는 말이기도 합니다.

저 역시 아이를 낳고 나서 부모님에 대해 많은 생각을 했습니다. 그리고 생일이면 아침에 일찍 전화를 합니다.

"오늘이 제 생일이에요. 저를 낳아주시고 길러주셔서 감사합니다. 열심히 살게요. 엄마, 사랑해요."

처음 전화를 받은 늙은 어머니는 어색해하시며 아무 말씀이 없으셨습니다. 하지만 해가 거듭될수록 가볍고 즐거운 목소리가 되시더니 이제는 "이렇게 전화해주니 고맙다"라고 대답하시게 되었습니다. 부모님과 생일날 이런 대화를 하고 나면 태어나길 잘했다는 생각이 듭니다. 사랑을 이야기함으로써 어머니뿐 아니라 나 자신이 행복해지는 것입니다.

제게는 어린 시절 어머니로부터 당한 언어적, 물리적 폭력으로 오랫동안 어머니를 미워해온 친구가 있습니다. 그 친구는 어머니를 미워하는 데서 오는 고통에서 해방되기 위해 어느 날 어머니를 찾아가 어머니의 눈을 보며 물었다고 합니다.

"엄마, 왜 어릴 때 나한테 그렇게 모질게 굴었어요? 그냥 말로 했어도 되는 걸……."

친구의 어머니는 예상 밖으로 선뜻 이렇게 대답했습니다.

"그때는 사는 게 너무 힘들어서 너희 밥 굶기면 안 된다는 생각밖에 없었어. 미안하다. 그래도 이렇게 잘 커줘서 고맙다."

어머니가 사과했다고 해서 친구가 괴로움에서 완전히 벗어날 수 있었던 것은 아닙니다. 그렇지만 대화를 하기 전에 비해 훨씬 행복해진 것은 분명합니다.

어린 시절의 부모와 만나서 직면하는 데는 용기가 필요합니다. 용기를 내어 따뜻한 말을 해도 반드시 따뜻한 답이 돌아오리라는 보장은 없습니다. 때로는 더 많은 실망을 안고 좌절할 수도 있습니다.

그러나 부모와 나누는 대화의 가장 중요한 의미는 나 스스로 용기를 낸다는 데 있습니다. 대화를 시도하는 것 자체가 더는 어린 시절의 상처에 머물러 있지 않겠다는 결심이 있을 때 가능한 일이기 때문입니다.

어린 시절의 부모님에게 손을 내밀고 다가가는 순간, 오히려 내가 부모님의 눈물을 닦아드려야 할 일들이 보이기도 합니다. 부모를 개인이 아니라 이 세상 속에서 살아가고 있는 사회적 존재로 인식하게 되기 때문입니다. 그것은 나를 성장시키는 새로운 경험입니다. 부모 세대가 우리 세대에게 물려주었던 사회 문화적인 가치가 우리 세대에서 변화되고 있다는 것을 체감하는 순간, 자식 세대에는 더 좋은 방향으로 변화되기를 바라는 자신을 발견하게 되는 것입니다.

나와 아이가 함께 성장하는 나날

아이의 최대 관심사는? 바로 부모!

사람은 왜 부모로부터 상처를 받는 것일까요? 그것은 우리가 부모를 사랑하고 있기 때문입니다. 부모로부터 애정과 관심을 받고 싶기 때문입니다. 그렇기에 부모가 자신을 사랑하지 않는다는 생각이 들면 아이들은 상처를 받습니다.

청소년들에게 '부모님이 나를 좋아하는가, 그렇지 않은가'는 가장 중요한 관심거리입니다. 부모가 나를 사랑하는가, 부모가 나를 소중한 존재로 인정하는가, 부모가 혹시 나 아닌 저 똑똑하고 잘생긴 친구를 더 좋아하는 것은 아닌가를 진지하게 노심초사 고민합니다. 그런 고민이 현실로 이루어졌을 때, 즉 부모가 다른 아이와 자신을 비교하거나 "너를 사랑하지 않는다"는 뉘앙스의 말을 할 때 아이들은 무척 절망합니다. 그렇게 상처를 받은 아이는 단계적으로 상처를 표현합니다.

상처를 표현하는 방식은 관심 끌기입니다. 이 관심 끌기는 정도에 따라 총 3단계로 나눌 수 있습니다.

1단계

부모에게 직접적으로 투덜대거나 반항적인 단어를 툭툭 내뱉으며 섭섭한 마음을 표현합니다. 대체로 한쪽 부모와의 일대 일 관계에서 나타납니다. 이때 잘못에 대해서는 질책하더라도 아이에 대한 사랑이 변함없다는 것을 확인해주면 이 정도에서 안정을 찾습니다.

2단계

하지만 1단계에 실패한 경우, 아이의 마음은 한층 불안정해집니다. 그전까지 집 안에서 부모를 상대로 반항했다면, 이제는 학교에서 튀는 행동으로 관심을 끌고자 애쓰는 2단계로 나아갑니다. 주변 사람들의 관심을 끌기 위해 사람이 모여 있는 곳에서 눈에 띄는 행동을 합니다. 교실에서 소리 지르기, 교사에게 말대꾸하기, 수업 시간에 돌발 행동하기 등이 이때 나타납니다.

2단계에서도 부모가 자신에게 충분한 관심과 애정을 보이지 않으면, 아이는 부모에 대한 일종의 복수심을 가지게 됩니다. 그러다가 일정한 계기를 만나게 되면 그 마음을 밖으로 분출합니다. 이것이 3단계입니다. 이때 나타나는 현상은 다양합니다. 다른 친구를 괴롭히거나 아무 데서나 주먹을 휘두르는 폭력성으로 나타나기도 하고, 칼로 자신의 몸에 상처를 내거나 자살을 시도하는 자학, 우울증 증세로 나타나기도 합니다. 이런 행동 대부분은 부모님으로부터 사랑받고 싶은 마음이 충족되지 못해서 일어나는 관심 끌기라는 공통점이 있습니다.

부모는 아이의 문제 행동을 단순히 '나쁜 행동'으로 보아서는 안 됩니다. 그 행동들은 아이의 마음이 아플 때 드러나는 '신호'이자 '호소'일 때가 많기 때문입니다.

만일 아이가 불안정한 행동을 자꾸만 한다 싶으면 꾸짖거나 설교를 하기보다 하루 10분이라도 아이에게 온전히 집중하는 시간을 가져야 합니다. 아이와 눈을 마주치고, 아이의 이야기를 듣고, 하루에 한 번 이상 칭찬해주고, 아이가 엉뚱한 행동을 하더라도 참고 기다려주는 것입니다. 이 시기의 아이들이 부모로부터 집중적인 관심을 받게 되면 눈빛부터 달라집니다. 눈빛이 차분해지고 행동에도 여유가 생깁니다.

청소년기는 언젠가 끝난다

청소년기는 인간의 성장 과정에서 가장 힘든 시기입니다. 짧은 시간 내에 육체적으로 정신적으로 격심한 변화를 겪는 시기이기 때문입니다. 그런 데다 사회적으로 요구받는 사항도 많기에 몸과 마음이 힘들 수밖에 없습니다.

부모에게도 아이의 청소년기는 가장 힘든 시기입니다. 그중에서도 중학교 1, 2학년 때는 "답이 보이지 않는다"고 할 정도로 어려움을 토로하는 부모들이 많습니다.

그러나 청소년기는 앞으로의 삶 전체를 좌우할 정도로 중요한 시기입니다. 그러니 힘들다고 해서 손을 놓아버리면 안 됩니다. 중학교 3학년 정도만 되어도 생각이 여물어 성장의 안정기에 들어갑니다.

부모는 힘들더라도 '내가 주고 싶은 사랑'이 아니라, 아이가 성장하기 위해 필요로 하는 사랑, 즉 아이가 '받고 싶어 하는 사랑'을 줄 수 있는 부모가 되기 위해 노력해야 합니다. 아이만 노력하면 모든 문제가 해결된다고 생각해서는 안 됩니다. 아이의 성장, 아이의 변화에 발맞춰 부모 역시 부단히 노력하고 함께 성장해야 이 시기를 의미 있게 보낼 수 있습니다. 혼란스러운 성장기에도 끝이 있습니다.

지나고 나면 그리워질지도 모릅니다. 자고 일어날 때마다 쑥쑥 자라 있던 아이, 툭하면 울고 웃으며 파도를 타듯 감정 기복을 활짝 드러내던 아이, 부모의 관심을 끌기 위해 애를 쓰고 부모와 함께 하는 시간을 간절히 바라던 아이의 모습이 말입니다.

사람은 누구나 자라면서 부모로부터 완전히 독립하게 되고, 내가 나의 부모와 그랬듯이, 언젠가 내 아이와 나의 관계에도 적정 거리가 생기게 될 것입니다. 비록 힘든 청소년기이지만, 이 시기는 나와 내 아이가 전력으로 몸과 마음을 부대끼며 지낼 수 있는 마지막 서간입니다. 이 시간을 하루하루 소중하게 여기도록 노력합시다. 아이가 비뚤어지는 것 같아서, 말을 듣지 않아서, 공부를 열심히 하지 않아서 순간순간 괴로울지라도, 지나고 나면 다시는 돌아오지 않을 소중한 시간입니다. 이 시간을 허투루 낭비하지 않겠다는 다짐을 합시다.

지금 청소년기를 보내고 있는 아이는 이 시기가 돌아오지 않는다는 것을 체감하지 못합니다. 그저 빨리 어른이 되고 싶어 합니다. 이 시기의 소중함을 알고 있는 것은 아이들이 아닌 어른들입니다.

저는 이 책에서 청소년기가 왜 중요한지, 그리고 그 시기를 부모로서 어떻게 이끌어야 하는지를 이야기했습니다. 그리고 부모인 우리의 청소년기가 어떻게 지금까지 우리에게 영향을 끼치고 있는가에 대해서도 말했습니다. 내 아이도 마찬가지입니다. 지금 부모로서 하는 나의 행동과 말을 결코 잊지 않습니다. 아이의 미래에 지워지지 않을 상처 대신 삶에 대한 긍정과 희망을 물려주기 위해서는, 지금부터 아이를 한 사람의 인간으로서 존중하고 아이의 말에 귀를 기울이는 습관을 가져야 합니다.

어른이 된 부모의 내면에는 자신의 어린 시절과 청소년 시절의 모습이 고스란히 남아 있습니다. 사람은 누구나 갑자기 아이에서 어른으로 자라는 것이 아니라, 긴 성장기를 거치기 때문입니다. 그 시기에 차곡차곡 쌓은 경험, 생각, 가치관 등은 나이테처럼 내 안에 남습니다. 한 사람이 어린 시절과 청소년 시절에 느낀 존재에 대한 긍정은 인생을 살아가는 동안 순수함과 열정, 빛나는 생명력과 신선한 용기를 제공해줍니다. 그렇게 성장한 아이들은 자신을 존중하고 다른 사람들을 이해하며 더 많은 사람과 건강한 관계를 맺어나갈 수 있는 어른으로 자랄 것입니다.

중학생에게 꼭 필요한 다섯 가지 응원

꼭 필요한 응원1_기초생활보장비 지급하기

용돈의 명칭을 기초생활보장비로 바꾸고, 중학생과 함께 필요한 금액을 합의하고 날짜를 정해서 매월 일정한 날에 입금해줍니다. 용돈과 기초생활보장비는 같은 돈을 지원해도 의미가 다릅니다. 용돈은 보호자가 베풀어주는 시혜의 의미를 담고 있지만, 기초생활보장비는 자기의 노동력으로 경제활동을 할 수 없는 가족 구성원들에게 가정 수입의 일정 금액을 쓸 수 있도록 권리를 보장하는 것입니다.

중학생들은 아직 돈을 버는 경제활동을 할 수 없지만, 학교생활과 친구 관계 등 활발한 사회생활을 하기에 돈을 쓰는 경제활동은 하고 있습니다. 돈이 필요하고 돈에 관심도 많습니다. 따라서 보호자들이 청소년들에게 용돈을 지급하는 태도와 방식은 친밀도와 신뢰도에 밀접한 영향을 끼치고 관계 형성 과정에 매우 중요한 의미가 있습니다. 용돈을 주는 보호자의 태도와 지급방식에 따라서 청소년의 자존감이 높아질 수도 있고 낮아질 수도 있는 것입니다. 사실상, 가정의 경제 조건과 상황에 따라 금액의 차이가 달라질 수 있지만, 모든 가정에서 청소년들에게 용돈을 지급하고 있습니다. 청소년의 자존감도 높이고 민주적인 관계도 형성할 수 있는 방식으로 지급해주면 좋겠습니다.

1) 가족 구성원의 권리

중학생에게 가정의 수입의 일정 금액을 쓸 수 있도록 가족 구성원의 권리를 보장하는 것입니다. 기초생활보장비의 금액은 친구들의 수준도 고려할 수 있겠지만 자기 가정의 수입과 지출 등 가정경제의 규모와 상황을 공유하면서 최소한의 금액으로 합의하여 지급합니다. 그동안 용돈을 주면서 말 안 들어서 용돈을 깎거나 중단했던 적이 있었다면, 사과하고 앞으로는 그런 일이 없을 것이라고 약속합니다. 심지어 가출해도 입금은 계속된다는 점을 확인해줍니다.

2) 정해진 날짜에 지속적으로 지급하는 것이 중요합니다.

가족회의를 통해서 금액을 정하고, 함께 정한 날짜에 입금해줍니다. 새로운 해가 시작되는 신년에는 학년이 올라가는 등 생활 조건의 변화와 물가 인상을 반영하여 기초생활보장금을 조정하고, 가정형편이 어려울 때도 의논하여 조정할 수 있습니다. 연말정산을 해서 환급을 받을 경우에는 적은 금액이라도 환산해서 환급해주는 것도 생활경제에 관심을 갖게 하는데 교육적 효과가 있습니다.

3) 사용에 대한 자율권을 보장하고 스스로 집행하도록 가급적 지나친 간섭이나 잔소리를 하지 않는 것이 좋습니다. 다만, 자기 자신과 타인, 공동체의 건강과 안전을 해치는 물품을 구입하기 위해 지출해서는 안 된다는 점을 확인하고 약속하는 것이 좋습니다.

4) 목적성 경비를 추가할 수 있다는 점을 공유해줍니다.

목적성 경비는 특별한 일이나 상황이 생겨서 지출하는 경비로, 보호자가 판단하여 목적을 정하여 지급할 수도 있고, 학생이 목적성 경비가 필요하여 의논하면 타당성이 있다고 판단되면 해당 보호자가 그 경비를 지급하고 목적을 위해 잘 사용했는지 확인하고 격려하면 됩니다. 보호자가 둘인 경우 역할을 나누어서 한 사람이 기초생활보장비를 담당하고 한 사람은 목적성 경비를 담당하면 되고, 보호자가 한 사람인 경우에는 두 가지 역할을 담당하되 내용을 분리해서 관리해주면 됩니다. 목적성 경비는 여행, 영화 보기, 예술공연, 축제 등 다양한 분야에 사용하는 비용이라고 할 수 있습니다.

꼭 필요한 응원2_날마다 환대하기

환대에는 환송과 환영이 있습니다. 가족의 구성원이 무슨 일로 나갈 때면, 하던 일을 마치고 현관까지 나가서 "잘 갔다

오라!"고 열렬히 환송해주길 바랍니다. '소중한 사람이라는 생각으로 '일찍 와서 쉬길 바란다'는 마음을 담아서 손을 흔들어 주는 것입니다. 또 일과를 마치고 돌아오면 먼저 집에 들어온 가족이 나중에 들어오는 가족을 열렬히 환영해주는 것입니다. 역시 하던 일을 멈추고 현관까지 나가서 반갑게 환영합니다. 혹시 밖에서 돌아오는 가족이 현관에 서서 힘들었던 일이나 실수했던 일들을 이야기하면, 적극적으로 응원하고 편을 들어 주면서 "네가 무사히 돌아왔으니 다행이다. 들어와 쉬면서 차차 이야기하자"라고 환영해주는 것입니다.

절대로 현관에 세워둔 채로, "잘했어야지"라고 하거나 "내가 몇 번이나 강조했던 일인데…"처럼 상대방을 탓하는 말을 하면 안 됩니다. 그러면 그 순간 자신이라는 존재보다 자신이 거둔 성과를 기다렸다는 생각이 들면서 자존감이 낮아질 수 있습니다.

매일 매일 환영받고 환송받는 사람은 생활의 리듬이 생기고 즐거워집니다. 자신이 소중한 사람이라는 존재감을 날마다 느끼며 자존감이 높아집니다. 자신을 소중한 사람이라고 생각하며 삶이 즐거운 사람이 하는 일이 잘 될 수 있는 확률이 높습니다. 날마다 환대하는 것은 일상생활에서 자존감을 높아지게 하는 가장 중요한 실천입니다. 이렇게 환대를 받는 사람은 집에서 나갈 때마다 잘 다녀오겠다고 소란을 피우고 푸닥거리를 합니다. 그리고 집에 들어올 때도 잘 다녀왔다고 소란을 피우고 푸닥거리를 합니다. 이렇게 즐거운 마음으로 들어오는 가족은 또 집안에 활기를 줍니다. 환영과 환송만 잘해도 가정은 안전한 공간이 되며, 가족 구성원들의 자존감은 높아질 수 있습니다.

반대로 가족의 자존감을 떨어뜨리기 위해서는 그가 나갈 때나 들어올 때나 신경을 쓰지 않는 것입니다. 잘 다녀오겠다고 말을 해도 들은 척 만 척하고, 잘 다녀왔다고 말하고 소란을 피우면 "그래서 어쩌란 것이냐"라고 면박을 주는 일이 여러 날 계속되면 웬만한 사람들은 자신에 대한 존재감이 낮아지고 생활의 재미와 활기가 없어집니다. 그래서 나갈 때도 조용히 나가고 들어올 때도 소리없이 들어옵니다.

특히, 청소년 시기에 날마다 이런 방식으로 부모로부터 환영과 환송을 받으며 생활하게 되면, 다른 사람과 함께 생활하는 공간에서 인사도 잘하고 다른 사람을 환영해주고 환송하며 소중하게 대하는 태도를 실천하는 일상생활이 행복한 사람으로 성장할 수 있습니다. 사람은 혼자서 행복할 수 없고, 혼자서 유능해지기도 어렵습니다. 다른 사람과의 관계를 통해서 행복감을 느끼고 상호작용을 통해서 서로 배우고 유능해질 수 있는 존재입니다. 가족과 함께 하는 일상생활은 인간의 존재감을 느끼게 해주는 출발점입니다. 일과를 통한 성과와 상관없이 존재 그 자체로 소중한 존재로 환대받을 때, 인간은 일상생활이 즐겁고 존재감이 높아집니다.

꼭 필요한 응원3_"나가!"라는 말을 절대 하지 말기

"나가"라고 하면 곧바로 문을 박차고 나가는 것이 사춘기의 특징입니다. 초등학교 저학년의 경우에는 나가라고 하면 겁을 내고, 고등학생이 되면 "무슨 말씀이세요. 나가기는 어딜 나가라고요?"라고 여유 있게 대응합니다. 그러나, 초등학교 5-6학년이나 중학교 1-2학년이라면 바로 나갑니다. 그리고, "왜 나갔냐?"라고 물으면, "○○가 나가라고 해서 나갔다"고 당당하게 말합니다. 청소년들에게 나가라고 하고 싶은 상황이 되면, 차라리 보호자가 나가서 동네를 한 바퀴 돌고 산책하고 돌아오는 것이 좋습니다.

보호자들은 청소년들과 잘 지내고 싶지만, 자신의 의지와 상관없이 청소년과 양보할 수 없는 긴장과 갈등 상황에 처할 때가 있습니다. 한마디도 지지 않고 바락바락 대들 때면 버릇될까 걱정이 되어 엄하게 혼내야겠다는 생각이 들 때도 있습니다. 그래서 "나가!"라는 말이 목까지 올라오기도 합니다. 그렇게 갈등이 고조될 때는 한 박자 쉬고, 보호자가 나가는 것이 좋습니다. "너는 이 집의 주인이니까 나가지 말고 집에 있으렴. 내가 좀 나갔다 오겠다"라고 말해주고 밖으로 나와 바람을 쐬는 것입니다. 인간은 환경이 바뀌면 마음이 조금 진정되고 달라지기도 합니다. 더구나 보호자는 아이에 대한 애정이 깊기 때문에 한 박자 쉬면서 자신의 언행을 돌아보고 아이 마음도 이해하는 성찰의 시간이 될 수 있습니다. '별일도 아닌 걸 가지고 서로 죽기 살기로 싸웠구나' 하는 생각이 들기도 하는 것입니다. 동네 한 바퀴 돌고 집에 들어가면 마음이 진정되고 부드러운 표정이 되어 있습니다. 아이는 이러한 어른들을 통해서 갈등이 일어날 때 충돌하지 않고 한 박자 쉬고 산책하면서 새로운 해결 방법을 모색할 수 있는 태도를 배우는 것입니다. 이 것은 생활을 통해서 배우는 지혜입니다. 말이나 글을 통해서가 아니라 함께 생활하는 어른들을 통해서만 배울 수 있는 소중한 삶의 태도입니다.

꼭 필요한 응원4_가족 행사에 역할 부여하기

여행이나 가족 행사 등에서 청소년들에게 정확한 역할을 주시고 행사가 끝나고 나면 적극적으로 칭찬하고 격려해주며 아이가 가족 구성원의 중요한 존재라는 사실을 확인해주시면 좋겠습니다.

1) 가족여행을 갈 때도 사전에 함께 의논하고 여행하는 동안 식사와 간식, 입장료 등의 재정을 담당하는 총무를 맡도록

역할을 주는 것입니다. 재정은 현금을 바꾸어서 봉투에 담아주어도 좋고 가족통장 카드에 담아주어도 좋습니다. 가족의 의견을 받아서 식사메뉴를 정하고 맛집을 정하고 간단하게 먹을 간식을 정하는 일 등을 담당하면 매우 성실하게 맛집도 알아보고 가족들의 요구에 따라 메뉴도 알아보면서 잘 진행합니다. 지금까지 보호자들의 안내를 받으면서도 가족여행이 즐거웠다면, 중학생이 된 후에는 그저 따라다니는 가족여행은 별로 재미가 없습니다. 자신이 뭔가 역할이 있어서 주도적으로 탐색하고 안내할 때 여행에서도 탐구하는 즐거움을 느낄 수 있습니다. 여행을 마치고 돌아오는 길에는 덕분에 맛집에서 잘 먹었다. 재정을 규모 있게 운영했다 등 구체적인 칭찬을 듬뿍해주는 것입니다.

2) 가족끼리의 축제나 가족 행사에서도 역할을 주는 것이 좋습니다. 가족 축제나 가족 행사의 공식 사진 담당자로 지정해주고 행사가 끝나면 가족 톡방에 올려주도록 하는 것입니다. 친지들이 모이는 행사에서도 사진을 담당하도록 역할을 주고 나중에 가족 친지들이 모인 톡방에 올려주도록 하면 친지들의 칭찬과 고마워하는 인사를 받을 수 있습니다. 친지들의 행사에서 선물을 의논하는 데 참여하여 결정된 선물의 디자인을 함께 고르고, 친지에게 전달할 때 청소년이 직접 전

달하고 선물의 비용을 맡았던 부모님은 손뼉을 쳐주는 것입니다.

3) 축제를 자주 가집니다. ○○가 된 지 50일, ○○○가 된지 100일, 이 동네에 이사온 지 몇 주년, 집 안에서 화분이 꽃을 피운 기념으로 등등 기념할 만한 것들을 찾아서 자주 기념하고 축하하는 행사를 가져봅니다. 이때 작은 선물을 나누면더 좋습니다. 청소년들은 이런 깨알 같은 축제를 즐기면서 일상의 삶을 사랑하고 추억을 남기는 것을 좋아합니다.

꼭 필요한 응원5_가족 소통 모임 하기

한 달에 한 번은 가족이 함께 모이는 "가족 소통 모임"을 갖습니다. 가족회의라고 하면서 날을 정하면 자칫 딱딱한 분위기가 될 수 있습니다. 그래서 한 달에 한 번은 가족이 맛있는음식을 먹는 날을 정하는 것입니다. 몇 번째 토요일 오후 5시-8시, 또는 일요일 점심식사나 저녁식사 등 식사 시간 전후 3시간 정도를 여유 있게 정합니다.

그날은 10살이 넘는 가족은 식사를 담당할 수 있는 자격이있으며, 모두가 돌아가면서 가족 식사를 책임집니다. 식사비용은 가족 1인당 1만 원 정도로 미리 정해둡니다. 가족들은 자기 차례가 되면 메뉴를 정하고 식사를 마련하여 식탁을 차립니다. 주문해서 식사를 제공해도 되고, 특별식으로 직접 장을 봐 와서 요리해서 함께 먹어도 됩니다. 식사를 준비한 사람을 듬뿍 칭찬해줍니다. 식사에 대하여 메뉴나 솜씨 등을 비교하거나 충고하는 것은 금지하고 칭찬은 허용합니다.

식사 후 차나 후식을 먹으며 가족 모임을 진행합니다. 식사를 준비한 사람이 그날 가족 모임의 사회자가 됩니다. 가족 모임에서는 자신의 신상에서 공유할 점이나 가족에게 부탁하고 싶은 말 등을 전합니다. 그리고, 다음 달에 있는 가족들의 출장이나 중요한 일들, 친지 행사 등 함께 공유해야 할 가족들의 대소사를 나누고 달력에 적어둡시다. 특히, 가족이 함께 가야 할 행사나 영화 관람 등을 확인하고 달력에 잘 표시해둡니다.

가족 소통 모임은 가족들의 생활에 대한 이해를 돕고 함께 일정을 공유하면서 서로 응원하고 배려하는 시간이 되어 공동체로서 안전하고 평안한 생활이 되도록 지원하는 역할을 해줍니다.

교단에서 들은 아이들의 목소리

중학생이 직접 쓴 '나의 하루'

🙂 아침 7시 30분까지 버티다가 후다닥 밥을 먹고 학교 갈 준비를 합니다. 8시 20분쯤에 집에서 나와 학교에 갑니다.

초등학교 때에는 수업을 마치면 친구들과 놀기도 하고, 집에서 좀 쉬다가 학원을 다녀와도 7시에는 일과가 끝났습니다.

하지만 중학교는 수업이 7교시까지 있는 날도 있습니다. 공부해야 할 과목도 많고, 수행평가다 뭐다 정신이 없습니다. 학교가 끝나면 학원을 가야 합니다. 학원이 끝나고 집에 오면 10시가 넘습니다. 학원 수업까지 마치고 집에 오면 그때서야 저녁밥을 먹습니다. 늦은 시간에 많이 먹으니 자꾸 살이 찝니다. 그러면 또 먹을 때마다 눈치를 보게 됩니다.

나의 하루는 공부하고, 공부하고, 자는 것입니다. 언제 공부가 끝날까?

🙂 아침을 대충 먹어서 그런지 학교에 가면 도착하는 순간부터 배가 고파집니다. 과자나 초콜릿, 생라면까지 먹는 것이라면 모두 삼킵니다. 수업 시간에 먹다가 걸려서 혼이 나는 애들도 있습니다.

쉬는 시간마다 과자를 먹기 위해 쟁탈전을 합니다. 그리고 점심시간에 밥을 먹고 나면 졸음이 마구 밀려옵니다.

얼마 전에 생활이 어려워서 '투잡'을 하는 사람이 나오는 방송을 보았습니다. 참 힘들겠다는 생각을 했습니다. 그러다가 갑자기 이런 생각이 들었습니다. 생각해보면 나도 학교와 학원을 2중으로 다니고 있으니 '투잡'을 하고 있다고요. 학교든 학원이든 하나만 다닐 수 있으면 이렇게 힘들지는 않을 것 같습니다.

☺ 제 하루는 매일 잠 때문에 망합니다.

아침 6시에 일어나 아침 영어를 하고, 7시에 밥을 먹고 학교에 갑니다. 졸음이 밀려옵니다. 선생님들한테 시간마다 혼나서 창피합니다. 그래도 어쩔 수가 없습니다. 앉아서 수업을 들으려 하면 눈이 저절로 감깁니다. 학교가 끝나면 집에 와서 미술 과외를 합니다. 이모가 엄마한테 "공부로 대학 가기 어려울 수 있으니 중학생 때부터 미술을 시키라"고 말했거든요. 미술 과외가 끝나면 또 학원에 갑니다. 학원에서도 졸음을 참지 못하고 자다가 선생님께 꾸중을 듣습니다.

10시에 집에 와 밥을 먹고 나면 약간 자유 시간이 있습니다. 친구랑 휴대폰으로 메시지를 주고받다 보면 시간이 너무 빠르게 가고 잠도 다 깹니다. 게임을 하고 나면 12시가 넘습니다. 그렇게 잠들어서 아침이 되면 너무 피곤합니다.

우리를 이해해주세요!

😐 솔직히 어른들은 우리에게 선입견이 있는 것 같아요.

친구들이랑 여럿이 함께 다니면 나쁘게 보고 문제아 취급을 해요. 솔직히 우리는 친구들이랑 함께 몰려다니는 것이 재미있거든요. 혼자 있으면 심심하고 내가 왕따인가 하는 생각이 들어요. 친구들이 만나자고 하면 반가워서 함께 다니고 싶고요.

그런데 우리끼리 딱히 가서 놀 데가 없어요. 아파트 놀이터에서 모여서 이야기 좀 하고 있으면 경비아저씨한테 쫓겨나요. 우리도 아파트 주민이라고 말해도 소용없어요. 공원에서 모여서 이야기하고 있으면 어른들이 좋지 않게 보고요. 교복을 입고 있으면 교복 입고 떠든다고 뭐라 하고, 사복을 입고 있으면 날라리처럼 몰려다닌다고 뭐라 해요.

어른들은 우리에게 너희끼리 몰려다니며 뭐 하는 거냐고 혼내시는데요. 저희는 아무것도 안 하거든요. 그냥 우리끼리 만나서 놀고 이야기하는 것뿐이에요.

😐 엄마가 자꾸 제 문자를 슬쩍슬쩍 보시는데요. 안 그러셨으면 좋겠어요. 궁금하시면 차라리 물어보시면 되잖아요. 그러면 말할 수 있는 것은 말하고 비밀은 비밀이라고 말할 수 있으니까요. 일기장, 컴퓨터 메일, 문자까지. 부모님이 내 모든 일

에 관심을 갖는 것은 부담스러워요. 책상 정리를 해주시는 건 좋은데 꼭 이것저것 들춰보지 말아주시면 좋겠어요. 저에게도 사생활이 있으니까요.

☺ 나는 색깔이 예쁜 옷이 좋거든요. 흰색, 회색, 검은색 같은 우아한(?) 색깔은 아직 예쁜지 모르겠어요. 디자인도 평범한 것보다는 좀 특이한 것이 좋아요. 쉬는 날이나 방학 때 정도는 머리 모양도 자유롭게 하고 싶고 옷도 자유롭게 입고 싶어요. 부모님 취향대로 강요하지 말아주세요. 지난번에 할아버지 댁에 갔을 때, 친척 어른 한 분이 "양아치처럼 하고 왔다"고 해서 너무 화가 났어요. 그런데 엄마가 나서서 "우리 애는 취향이 좀 특별하다"고 감싸줘서 정말 고마웠어요. 어른들이랑 우리는 세대 차이가 있으니까 좋아하는 옷이나 머리 모양도 다를 수밖에 없는 것 같아요. 내가 옷을 좀 튀게 입는다고 해서 누가 피해 보는 것도 아니잖아요. 다른 사람 취향을 가지고 너무 뭐라 하지 말아주세요. 취향은 존중해야죠.

☺ 별 이유 없이 짜증이 날 때가 있어요. 그런데 딱히 엄마나 아빠한테 짜증 내는 것은 아니에요. 어쩌면 나 자신한테 화가 나는 것 같기도 해요. 그럴 때 엄마는 어떻게 엄마한테 그러냐며 잔소리를 하시는데, 엄마가 싫어서 그러는 경우는 거의 없

어요. 때로는 내 마음과 상관없이 짜증이 나고 막 뛰쳐나가고 싶을 때가 있어요. 저도 '이런 게 사춘기인가?' 하고 생각할 때도 있어요. 질풍노도의 시기라고 하잖아요. 엄마도 이런 것을 이해해주시고 제가 짜증 내면 꼬치꼬치 묻지 마시고 좀 넘어가주세요.

◌ 휴대폰이나 컴퓨터 게임을 할 때요. 엄마나 아빠는 당장 끄지 않는다고 혼내시는데 솔직히 중간에 끄기는 너무 어려워요. 바로 끄면 그때까지 한 내용이 다 삭제돼서 처음부터 다시 해야 할 때가 많거든요. 여럿이 함께할 때는 저 혼자 갑자기 빠져나올 수도 없고요. 20~30분 정도 여유를 주신다면 정말 좋겠어요. 철없다고 하시겠지만 그것이 사실이에요.

조금만 시간을 주면서 "너무 오래 하는 것 아니냐. 30분 내로 끝내라"라고 해주시면 저도 게임을 마무리하고 마음도 정리할 수 있어요. 그런데 당장 끄지 않는다고 혼내시면 '내가 시키면 시키는 대로 하는 로봇인가' 하는 생각이 들기도 하고 어쩐지 반항심이 생기면서 시간을 끌다가 결국은 다투게 돼요. 약간의 여유를 주시면 저도 노력할게요.

잘못을 혼낼 때, 이것만은 지켜주세요
◌ 화부터 내지 마시고 부드럽게 말해주세요.

부모님께서 화부터 내시면 저도 당황하게 돼요. 저는 무슨 일인지 잘 기억도 안 난단 말이에요. 그래서 행동도 느려지고 말도 더듬거리게 돼요. 특히 갑자기 소리부터 지르시면 '무슨 일이지?' 하는 생각이 들어서 나도 모르게 얼굴을 빤히 쳐다보게 돼요. 그럴 때, "눈 똑바로 뜨고 쳐다본다"고 혼내지 말아주세요.

사실 혼날 때는 눈을 어디 둘 데가 없어요. 얼굴을 바라보면 "눈 똑바로 뜨고 쳐다본다"고 혼나고, 다른 곳을 바라보면 "말을 안 듣고 딴청 부린다"고 혼나거든요. 자꾸 물어보니까 대답을 하면 "어디서 말대꾸야?"라고 혼내는데 정말 싫어요.

☺ 부모님을 절대 만만하게 생각하지 않아요.

그렇지만 혼날 때는 저도 할 말이 있거든요. 그렇게 나쁜 의도는 아니었다는 얘기도 하고 싶고, 처음부터 말썽을 부릴 생각은 아니었다는 것도 말하고 싶고요. 말하지 않고 가만히 있으면 어색하고 내가 진짜 미리 마음먹고 잘못을 하는 나쁜 애처럼 느껴져요. 무슨 변명이라도 해서 오해를 풀고 싶은 거지, 부모님을 무시하는 것은 아니에요.

☺ 같은 말을 여러 번 반복하지 말아주세요.

잘못했다는 생각이 들다가도 자꾸 반복해서 말하면 잔소리처럼 느껴진답니다. 특히, "알아들었어?" "말을 해! 왜 그런 행동을 했는지 말을 해!" 이렇게 다그치면 더 말하기 싫어져요. 혼날 때는 저도 듣고 있고 생각도 하고 있으니까 제가 어떻게 했으면 좋겠는지 요점만 확실하게 얘기해주시면 좋겠어요.

그리고 다른 일로 혼내다가 갑자기 성적 이야기 같이 상관도 없는 이야기를 섞어서 혼내시면 정말 황당해요. 그럴 때 공부하기 제일 싫어지는 것 같아요.

☺ 무시하지 말아주세요.

"네가 뭘 안다고……."

"어린 것이 어딜 까불고 다녀."

"너 같은 게……."

"한심하기 짝이 없다. 언제 철들래?"

이런 말들을 들으면 기분이 나쁘고 화가 나서 더는 말하고 싶지가 않아요. 부모님은 저보다 저에 대해 더 많이 생각하고 고민해서 하는 말이라고 하시는데요. 아니거든요. 제 인생은 제 인생이고 제 문제니까 제가 더 많이 고민하는 게 당연하잖아요.

☺ 혼을 내고 난 뒤에는 저를 좀 내버려 두세요.

혼났는데 기분 좋을 수가 있어요? 당연히 저도 기분 안 좋아요. 그래서 방에 들어오면 기분을 풀고 싶어서 울 때도 있고, 음악을 들을 때도 있어요. 그런데 그것까지 혼내는 경우가 있어요. 울면 "뭘 잘했다고 우냐!"고 하시고, 음악을 들으면 "네가 음악이나 들을 때냐? 도대체 생각이 있냐"고 하시는데 저도 진짜 억울하고 화가 나요.

그리고 기분이 안 좋아도 배고플 수 있잖아요. 혼난 뒤에 뭘 먹고 있으면 한심하다는 듯이 쳐다보는데 그럴 때는 되게 비참해져요.

이런 점이 불만이에요!

😐 지난번 사회 시간에 헌법에는 신체의 자유가 있다고 배웠어요. 그런데, 우리 학생들은 신체의 자유가 없습니다. 우리는 무슨 특수 계급인가요?

😐 우리 문제를 이야기할 때 어른들의 표정은 항상 너무 굳어 있어요. 그래서 어른들과 어떤 주제를 가지고 이야기를 시작할 때, 솔직하게 말하려고 마음먹으면 가슴이 두근거리고 무서워져요. 혼날 수도 있다는 각오를 하면서 말을 하게 되니까 말도 더듬게 되고 분위기도 어색해져요. 그래서 대화가 잘 안 돼요.

무슨 말이든 해도 된다고 하지만, 솔직하게 이야기하면 끝이 좋았던 적이 없어요. '네가 그런 생각을 했구나. 그런 아이였구나' 하는 식으로 생각할까 봐 무서워요. 그래서 편하게 말을 시작했다가도 눈치 보게 되고 더듬거리게 되고 이야기한 것 자체를 후회하게 돼요.

☺ '학교의 주인은 학생이라고 배웠어요. 그런데 내가 학교에 대해 불만을 얘기하면 선생님들은 위아래로 훑어보시면서 한심하다는 표정밖에 안 지으시던데요? 내가 주인이라면서요. 어른들이 학생들의 이야기를 듣는 자리를 많이 만들어줬으면 좋겠어요.

☺ 왜 중학생은 빨간색 리본 달린 머리띠를 하면 안 되나요? 툭하면 규정을 어겼다고 벌점을 받고 남아서 반성문 쓰는데 억울하고 짜증나요. 우리가 이해할 수 있는 규정을 정했으면 좋겠어요. 우리가 지킬 규칙을 어른들 기준에만 맞춰서 정하는 것은 말이 안 되잖아요. 우리가 지킬 규칙이니까 우리도 함께 만들었으면 좋겠어요.

☺ 하루하루 재미있는 일은 없고 지루하기만 해요. 똑바로 앉아라, 똑바로 말해라, 옷을 똑바로 입어라. 똑바로, 똑바로. 정말 지겨워요. 그런 어른들은 진짜 똑바로 하고 계시긴 한가요?

그렇게 불만이면 학교 다니지 말라고요? 제가 학교 다니고 싶어서 다니는 게 아니고요. 엄마가 하도 사정해서 다니는 거예요.

🙂 선생님들은 교실에 들어오면 매일 조용히 해라, 입 다물어라 하면서 혼자서 떠들잖아요. 우리도 입 있어요. 우리도 말 좀 하고 살자고요.

이렇게 하고 싶어요!

🙂 친구들이랑 여행 가고 싶어요.

친구들과 함께 새로운 곳에 가서 탐색하면서 돌아다니고 재미있게 놀고 싶어요. 수련회를 가면 교관이 시키는 대로 하지만 말고, 우리끼리 관심 있는 것들에 대해 조사도 하고 그랬으면 좋겠어요. 수학여행, 졸업여행 꼭 갔으면 좋겠고요, 친한 친구들이랑 몇 명이서 길게 여행 가는 건 꼭 해보고 싶어요.

그런데 막상 방학 동안 여행을 가려고 하면 청소년에게는 할인 혜택도 적더라고요. KTX도 할인을 조금밖에 안 해주고, 고속버스도 일반 고속만 할인해주고 우등고속버스는 할인을 안 해줘요. 이런 교통비는 할인을 좀 많이 해줬으면 좋겠어요.

☺ 영화를 무척 좋아하는데요, 영화비가 너무 비싸요.

용돈으로는 친구들과 영화 한두 편 보기도 힘들어요. 텔레비전이나 신문에서는 청소년들이 문화생활을 많이 해야 한다는데, 말로만 그러지 말고 청소년들에게 영화나 연극 비용을 많이 할인해주고 지원해주면 좋겠어요. 친구들과 영화도 많이 보고 연극도 보고 싶어요.

☺ 기타 배우고 싶어요. 다른 악기도 좋고. 밴드도 만들어서 친구들과 노래도 부르고 싶어요. 댄스, 장기자랑, 좋아하는 노래 부르기도 수업처럼 한다면 정말 재미있을 거예요.

☺ 체육 대회가 아니더라도 운동 경기를 자주 했으면 좋겠어요. 같은 반끼리도 하고 옆 반하고 친선 경기도 하고.

주석 및 인용 자료

1   바버라 스트로치(2004), 강수정 옮김, 『십대들의 뇌에서는 무슨 일이 벌어지고 있나?』, p.37, 해나무

2   김붕년(2021), 『10대 놀라운 뇌 불안한 뇌 아픈 뇌』, pp.81-82, KOREA.COM

3   비고츠키, 김형숙, 이두희, 손지희, 천보선 옮김(2015), 『관계의 교육학』, pp.190~191, 살림터

4   S. 페인스타인(2008), 황매향 옮김, 『부모가 알아야 할 청소년기의 뇌 이야기』, 지식의 날개

5   사토마나부(2012), 손우정 옮김, 『수업이 바뀌면 학교가 바뀐다』, p.147, 에듀니티

6   안네 프랑크(2011. 원전 1947), 최지현 옮김, 『안네의 일기』, 네버엔딩스토리

7   통계청(2022.3.11), 「2021년 초중고 사교육비조사결과」(보도자료)

8   김기태(2017.2.26), 「학원 시간에 쫓기는 어린 초등학생들…거리에서 '혼밥신세'」, SBS 8시 뉴스

9   박승혁, 백수연(2017.2.7), 「어떻게 생각하십니까, 학원 시간 쫓겨… 혼밥 먹는 초등생들」, 〈조선일보〉

10 통계청(2022.12.27), 「아동청소년 삶의 질 2022보고서」(보도자료)

11 보건복지부(2022), 「2022 자살예방백서

12 경쟁교육고통해소방안모색 토론회 자료집(2022.9.27), 사교육걱정없는세상, 유기홍 의원, 전국 초6, 중3, 고3 학생 5176명, 학부모 1,859명 설문조사 자료

13 경쟁교육고통해소방안모색 토론회 자료집(2022.9.27), 사교육걱정없는세상, 유기홍 의원, 전국 초6, 중3, 고3 학생 5176명, 학부모 1,859명 설문조사 자료

14 하진희(2004), 『샨티니케탄』, 여름언덕

15 토마스 고든, 이훈구 옮김, 『부모 역할 훈련』, 양철북

16 하임 G. 기너트, 신홍민 옮김, 『부모와 십대 사이』, 양철북

17 스마트소식(2021.10.20), 「친구들의 평소 언어 사용은?」, 설문조사
    결과 및 당첨자 발표

18 교육부(2022.9.6), 「2022년 1차 학교폭력 실태조사(전수조사)

19 마사 하이네만 피퍼.윌리엄 J. 피퍼, 김미정 옮김, 『내적 불행』, 푸른
    육아

20 다니엘 길버트, 서은국 외 옮김, 『행복에 걸려서 비틀거리다』, 김영
    사

21 여기에서는 성격이 좀 느긋하고 행동이 늦는 소위 내성적인 특성의
    청소년들을 중심에 두고 이야기하였습니다. 특정 과목의 인지 교
    과에 대한 성적이 낮고, 반응이 느려도 의사 소통 능력이나 표현능
    력, 다른 친구들과 어울리는 사회성 문제가 없으면, 느린 학습자로
    분류되지 않기 때문입니다. 느린 학습자와 경계성 지능은 특수교육
    차원에서 별도로 다루어져야 할 내용입니다

22 웨인 W. 다이어, 오현정 옮김, 『행복한 이기주의자』, 21세기북스

23 여성가족부(2021.5.31). 「2020년 가족실태조사」(보도자료)

24 에리히 프롬, 황문수 옮김, 『사랑의 기술』, 문예출판사

25 여성가족부(2021.5.24.), 「2021청소년통계」(보도자료)

26 여성가족부(2021.5.24.), 「2021청소년통계」(보도자료)

27 장 다비드 나지오, 임말희 옮김, 『위기의 청소년』, NUN

28 웨인 W. 다이어, 오현정 옮김, 『행복한 이기주의자』, 21세기북스

29 W. 휴 미실다인, 이석규 외 옮김, 『몸에 밴 어린 시절』, 카톨릭교리
    신학원

그 외 참고 서적들

안경환,『좌우지간 인권이다』, 살림터

마사 누스바움, 우석영 옮김,『공부를 넘어 교육으로』, 궁리

알프레드 아들러, 설영환 옮김,『아들러 심리학 해설』, 선영사

하이데리 브로세, 이수영 옮김,『학부모 마음 교사 마음』, 시대의창

크리스토퍼 클라우드. 마틴 로슨, 박정화 옮김,『아이들이 꿈꾸는 학교』,
　　　양철북

이승욱 · 신희경 · 김은산,『대한민국 부모』, 문학동네

비벌리 엔젤, 조수진 옮김,『좋은 부모의 시작은 자기 치유다』, 책으로여
　　　는세상

미하이 칙센트미하이, 이희재 옮김,『몰입의 즐거움』, 해냄

알 피콘, 이영노 옮김,『경쟁에 반대한다』, 산눈

김범준,『교사들의 자녀교육법』, 도토리창고

이광호, 박성만, 이진철, 김성천,『학교를 바꾸다』, 우리교육

로라 제임스, 홍현숙 옮김,『내 마음 속 심리 카페』, 해냄

미리엄 아다한, 이주혜 옮김,『유태인의 자녀교육 29』, 아침나무

한순미,『비고츠키와 교육』, 교육과학사

한국청소년개발원,『청소년 심리학』, 교육과학사

박미자,『투정 많은 아이 친구 많은 아이』, 동아일보사

박미자,『우리 아이를 살리는 신토불이 육아법』, 열린아트

크리스티안 노스럽, 강현주 옮김,『여성의 몸 여성의 지혜』, 한문화

S. 페인스타인, 황매향 옮김,『부모가 알아야 할 청소년기』, 지식의날개

닉 데이비스, 이병곤 옮김,『위기의 학교』, 우리교육

알버트 반듀라, 박영신 옮김,『자기효능감과 삶의 질』, 교육과학사

파커 J. 파머, 이종인 옮김,『가르칠 수 있는 용기』, 한문화

윤정일,『한국의 교육 정책』, 교육과학사

존 가트맨, 남은영 감수, 『내 아이를 위한 사랑의 기술』, 한국경제신문
나탈리 르비살, 배영란 옮김, 『청소년, 코끼리에 맞서다』, 한울림어린이